LUIS
MIGUEL

EL GRAN SOLITARIO...
24 AÑOS DESPUÉS

Claudia de Icaza

Luis Miguel
El gran solitario...
24 años después

Biografía no autorizada,
corregida y aumentada

indicios

Argentina – Chile – Colombia – España
Estados Unidos – México – Perú – Uruguay

1.ª edición Octubre 2018

El análisis, puntos de vista, declaraciones, testimonios, información, comentarios y opiniones expresadas en este libro, así como las identidades y nombres usados y los lugares y situaciones descritas, son responsabilidad única y exclusiva del autor.

Reservados todos los derechos. Queda rigurosamente prohibida, sin la autorización escrita de los titulares del *copyright*, bajo las sanciones establecidas en las leyes, la reproducción parcial o total de esta obra por cualquier medio o procedimiento, incluidos la reprografía y el tratamiento informático, así como la distribución de ejemplares mediante alquiler o préstamo público.

Copyright © 1994, 2018 *by* Claudia de Icaza Carranza
Todas las fotografías han sido cedidas a la autora en cortesía para el libro por Editorial Televisa y por la Revista Estrellas, algunas de ellas proporcionadas por Warner Music.
Especial agradecimiento a Miguel Ángel Vázquez y a Rubén Aviña.
All Rights Reserved.
Copyright © 2018 *by* Ediciones Urano, S.A.U.
Plaza de los Reyes Magos 8, piso 1.º C y D – 28007 Madrid
www.indicioseditores.com

ISBN: 978-84-15732-38-9
E-ISBN: 978-84-17312-75-6
Depósito legal: B-20.617-2018

Fotocomposición: Ediciones Urano, S.A.U.

Impreso por: Rodesa, S.A. – Polígono Industrial San Miguel
Parcelas E7-E8 – 31132 Villatuerta (Navarra)

Impreso en España – *Printed in Spain*

En memoria de mi padre, Nicolás de Icaza Lavín
y de Francisco Curiel Defossé, padre de mis hijos.
Sin su ejemplo de fuerza y respeto a mis propias
convicciones, jamás hubiera dado pasos tan firmes
en este difícil camino del periodismo... Con profundo
agradecimiento a María de los Ángeles Carranza, mi madre,
fuente de inspiración y cobijo constante hacia la hija
rebelde... A mis hijos Francisco, Álvaro y Claudia
por su cariño y apoyo incondicional en los momentos
más críticos... Con todo el amor a Sebastián Curiel,
mi nieto. A mis queridas y muy valiosas nueras,
Daniela y Gabriela. A la banda formada por mis hermanos
y amigos. A todos mis colegas por ser un gran cobijo
en esos difíciles momentos.

Índice

Introducción

¿Por qué elegir a Luis Miguel de nuevo como personaje de mi sexto libro, obviamente en el contexto de una biografía «no autorizada», corregida y aumentada que sé, me llevará otra vez a críticas mordaces…?

Porque ni Luis Miguel ni yo somos los mismos después de los años transcurridos desde aquella demanda que recibí en 1994 y por la que fui sometida a un juicio al escribir la apología del cantante: *El gran solitario*.

¿Sí encuentran la diferencia que hay entre biografía no autorizada y apología? Y lo pregunto porque quien ya conoce su contenido, entenderá que los abogados de Luis Miguel no tenían idea de la diferencia y vieron mi inocuo libro bajo una lupa distorsionada que los llevó a «entender» lo que convenía a sus intereses como litigantes al frente de la «noble» causa de un famoso intérprete.

¡Gané ese juicio y lo gané bien! Así que ahora va la mía. Para aquellos que creen que busqué hacer la biografía del cantante más importante en esos momentos para volverme famosa y convertirme en millonaria de la noche a la mañana, les voy a quedar a deber. ¡Y no precisamente en billetes! Mi astucia en aquella época, era prácticamente nula, de haberla tenido y aplicado, no hubiera elaborado un texto lleno de alabanzas, titulado *El gran solitario*. En su lugar, me hubiera dado un banquete escribiendo: *Luis Miguel solo para adultos*, material había de sobra.

Pero como no es tarde aún para redimirme como escritora de una obra que el interesado no entendió —ni leyó—, vuelvo a la carga con una visión diferente ¿En qué frecuencia pude haber estado como para dar rienda suelta a mis afectos y consideraciones por alguien que, a mis ojos, sacrificaba todo como ser humano para encumbrar un personaje? Consideración y afecto genuino que sí llegó como mensaje a sus fans, mientras que para él fue una afrenta.

A la distancia, no sé cómo me permití hacer ese libro después de haber escrito en el año 1993 *Cartas de amor y conflicto* de corte epistolar con la correspondencia inédita de Jorge Negrete a su gran amor, Gloria Marín. Una obra de investigación escrupulosa y contenido invaluable por tratarse de dos personajes consagrados de la Época de Oro del cine nacional.

Dirán mis detractores: ¿Y de qué se queja esta fulana si logró hacerse conocida gracias a un cantante como Luis Miguel? Sí, me quejo y explico: porque yo no lo busqué, porque mi nombre trascendió por estar demandada y porque el «trascender en los medios» me cobró una factura de tres años y medio de juicio, lidiando con publicaciones diarias que poco me favorecían en ese juego sádico donde Luis Miguel era el gato persiguiéndome a mí, el ratón. Y créanme, ya era de por sí irritante el juicio mediático.

La diferencia entre la Claudia de Icaza en esa lucha infructuosa por convencer a todos de sus buenas intenciones, a la Claudia de Icaza curtida, experimentada, es abismal. Me importa poco lo que alguien pueda pensar de mí por escribir sobre cualquier personaje. Pagué mi derecho de piso y no merece atención la opinión de esa gente que me deseaba un final desastroso... Me convertí, sin pretenderlo, en la biógrafa «no oficial» de un cantante de talla internacional que tuvo a bien obsequiarme boleto de primera clase gracias a esa demanda ridícula por 7 millones de dólares. Cifra estratosférica que beneficiaba al rey, no a una periodista como yo, en cuya cuenta bancaria no figuraba esa cifra de fantasía, dado que las regalías semestrales reportadas por la editorial Edamex, apenas solventaban el sueldo de mis abogados. Se preguntarán: ¿Y qué fue entonces lo que gané? Llegar a ser autora de cinco libros publicados gracias a mi pasión por la escritura y a mi tenacidad. Siempre me negué a vivir de esos viejos «laureles» conseguidos por el escándalo.

Me corresponde ahora hacer un análisis integral de aquel juicio por daño moral, daño material y por el supuesto delito de difamación, siendo para mí un tormento y una pesadilla el proceso penal. De ahí mi interés de poner en contexto la actual reedición de *El gran solitario*, así como de hacer una valoración de Luis Miguel 24 años después.

Si tuviera que definir las emociones y los sentimientos que experimenté en la época de la demanda, diría sin duda: impotencia, rebeldía y una gran decepción. Impotencia por estar bajo la lupa y en el centro del huracán sin una razón de peso que me hiciera merecedora de una demanda, a todas luces improcedente. Rebeldía, porque a pesar de haber parecido un «blanco fácil», jamás me entregué a ese derrotismo con el que me vestían los que, seducidos por Luis Miguel, me veían en la lona. Decepción del personaje que se me rompía en las manos y, de los que, reconociendo mi estado de vulnerabilidad, intentaron sacar tajada y dejarme en el camino.

Yo misma llegué a dudar, luego de verme sometida al desgaste físico, mental y económico que experimenté bajo la presión de sus gorilas. Aun así, nunca cambié mi postura, en parte por el compromiso que sentía hacia mi familia y el gremio periodístico. Estaban en juego nuestras garantías constitucionales y yo formaba parte de esa lucha cobijada por la Sociedad Mexicana de Escritores y la Cámara de la Industria Editorial.

¿Qué decir de los medios? No hubo alguno que se mostrara ajeno a este problema de interés general y no por solidarizarse conmigo, sino por hacer frente común y evitar sentar un precedente contra la libre expresión. Tampoco pasó por mi mente que catedráticos de la Universidad Nacional Autónoma de México *(UNAM)* tuvieran que dar lectura a este libro cursi para poder entender de dónde venía el enojo del cantante contra una periodista que nunca habían escuchado mencionar.

Siempre he tenido claro el nombre y apellido de mis detractores, sé de algunos que se quedaron con las ganas de publicar en el año 1997: «Claudia de Icaza perdió el juicio y está condenada a pagar a Luis Miguel». Pero ocurre que, justo en ese año resulté exonerada. Mi pensamiento más inmediato fue olvidarme de esa pesadilla, pero veo que con Luis Miguel siempre habrá una asignatura pendiente imposible de archivar de manera definitiva.

A 24 años de los hechos, lejos está de continuar siendo uno de los artistas más deseados, con grandes éxitos discográficos; el señor de 48 años se ha convertido tristemente en uno de los personajes favoritos de las redes sociales... ideal para memes.

Lo que es la vida y lo que es capaz de provocar un ídolo de multitudes como lo era Luis Miguel en aquel entonces. En alguna de las páginas de mi libro dije, entre muchas otras cosas, que mientras me dirigía a su *penthouse* para entrevistarlo, me parecían un atraco los 45 minutos que daba la disquera. Como también confesé en una de esas páginas que me parecía un tipo sexy. ¿Habrá entendido mal mi biografiado cuando se encontró con este elogio? Igual y lo tomó como un acoso sexual a distancia, cuando en realidad se me reveló como un artista inteligente, terriblemente sensible, pero dolorosamente dañado por la vida.

De ahí esa dedicatoria sentida en mi libro que lo llevó a demandarme:

> *Por la empatía y la ternura que surgió a partir de 1989, por ser un artista entregado, al grado de olvidarse de lo que le corresponde vivir como ser humano y, por mi necesidad de escribir, nace «El gran solitario», donde podrán descubrir episodios importantes y significativos de la vida de alguien que para muchos es un mito, para otros, un ser omnipotente; para mí simplemente alguien que, jugando al personaje, se quedó atrapado sin que nadie*

haya intentado rescatarlo. Con admiración, con ternura, con un dolor que no puede quedarse callado. Claudia.

No, no escribo bonito, escribo con verdad, con efecto inmediato como para llegar a molestar a quien van dirigidos mis textos. Esto lo supe con exactitud luego de leer los reclamos legales del artista que me hizo llegar junto con los nombres de los abogados encargados de representarlo. Uno más en la lista y hubiera sido un lujo de prepotencia ante la reportera sin nombre, sin dinero, sin influencias y sin un abogado a la vista interesado en defenderla.

Lo dije en su momento y lo sostengo: cualquiera hubiera podido dar forma a *El gran solitario*, pero no cualquiera sale a defenderse de un pleito infernal, bajo la presión de todos los medios y teniendo que mantener la debida compostura, cuando Luis Miguel y su gente sabían que mi vida personal se encontraba en medio de una tormenta y pensaron que eso serviría para orillarme a salir corriendo, renunciando a defenderme «por motivos de salud».

Con unos años más, pero todavía vital y entusiasta, mi pasión por escribir sigue intacta. No temo a las demandas porque como periodista y escritora de espectáculos conozco mis derechos y limitaciones para escribir y publicar; no temo a la crítica, el mejor aprendizaje de mi vida es haber defendido mis convicciones por encima de todo y de todos. Mi convicción ahora es que nadie es intocable y que la libertad de expresión que triunfó hace veinticuatro años sobre el capricho de un personaje de farándula, debía prevalecer como principio para todos y en especial para quienes ejercen un periodismo más arriesgado sobre temas relevantes de un país.

Y si bien antes de este caso, el ejercicio de mi profesión nunca había implicado algún tipo de riesgo a mi integridad personal, sí lo hubo en la demanda entablada en mi contra por Luis Miguel, la cual significó en sí misma, una burla al sistema judicial, pues venía de ese grupito de *mirreyes* que él y sus amigos representaban, donde los favores políticos, las influencias y la corrupción bien podían ponerse al servicio de la farándula... De ahí el título de «Una demanda indecorosa» como el primero de los capítulos de este libro que servirá de preámbulo para dar una segunda lectura al contenido ya juzgado legalmente de *El gran solitario,* «biografía no autorizada», y que en esta reedición «corregida y aumentada», incluye como tercera parte «Luis Miguel, el antes y el después». Aquél para quien su vida privada era intocable en 1994 y ahora, la expone sin recelo. ¿Por qué tal contradicción?

PARTE I

Una demanda indecorosa

La ridícula demanda por 7 millones de dólares

A veinticuatro años de ese acontecimiento polémico, de gran trascendencia para mí como periodista y autora de *El gran solitario* —de contenido incómodo y «violentador» de las emociones de mi biografiado—, caigo en cuenta que el cantante mintió a la autoridad, a sus fans y al público en general al decir que se le había ocasionado «daño moral y material», pretexto para demandar por lo civil y lo penal, tanto a la editorial Edamex como a mi persona. Yo no falté a la verdad sobre su vida, tampoco lo difamé, ni lo calumnié al asegurar que había sido explotado por su padre Luis Rey y que terminó siendo un títere en sus manos. Eso ya lo confirmó en la serie que autorizó para contar lo mismo que yo dije y que ha servido a los realizadores de su serie como hilo conductor. ¿Qué diferencia hay entre lo que averigua, constata, documenta y expone una periodista en un libro y lo que un personaje del medio artístico decide soltar sobre su tortuosa existencia? ¿O será que ahora sí, vender su vida íntima —*reloaded*— fue la única manera para rescatarse de su decadencia económica y carrera en picada?

La diferencia está en que yo fui la primera en revelar ciertos episodios de su niñez, su adolescencia y su juventud, pero con sutileza y tacto. Nada parecido al tono que él decidió aprobar en un guion fuerte, crudo y a veces hasta grotesco refiriéndose a esas mismas vivencias. ¡Qué defraudada me siento! Activó un proceso en mi perjuicio para ejercer su poder contra una ilusa, a quien culpó de haber provocado a su persona un daño «irreparable». De haberlo sabido, de haberlo querido y de haberme atrevido, otro texto hubiera cubierto su historia personal.

¿Los 7 millones de dólares que pidió por invadir su intimidad, le iban a calmar los «dolores»? Ahora soy yo la que se otorga el derecho irrenunciable de la réplica, ahora soy yo quien expone con toda libertad, cómo fueron esos días, aquellos meses, los tres años y medio que me pasé siendo cuestionada, fecha que él seguramente ya ni debe recordar y menos lo que ocurrió el 15 de junio del año 1994...

Cómo y en qué condiciones me llegó la demanda

Presagiar acontecimientos críticos que están por sucederme, es una constante en mi vida. Es como si se alertaran mis sentidos, como si recibiera una descarga eléctrica recorriendo mi cuerpo, obligándome a mantenerme expectante, como el efecto que se produce en quien escucha el sonido de un rayo, anunciando una fuerte tormenta. Así fue ese día en que me topé con cuatro hombres trajeados a la salida de mi casa, listos para hacerme entrega de una montaña de papeles membretados, señalando al Consorcio Jurídico Cruz Abrego como representante legal de Luis Miguel en la demanda entablada en mi contra... Insólito, de gran peligrosidad, si al frente de su defensa, se encontraban dos mujeres que ya adivinaba duras y despiadadas.

Lo que había sido un simple rumor en los medios para el mes de marzo de 1994, ya en el mes de junio se convirtió en una absurda realidad en momentos de gran incertidumbre y miedo a lo desconocido. Y es que, por más que leía y leía esos «papelitos» no lograba descifrarlos, me preguntaba por qué a mí, justo cuando mi vida personal y familiar se encontraba en medio de una turbulencia debido a una cirugía de corazón practicada en esas fechas al padre de mis hijos. Días grises, en los cuales únicamente deseaba recibir el alta médica de mi marido luego de permanecer interno en Cardiología. ¿De dónde carajos iba a sacar fuerza extra y energía para afrontar la situación que ya me rebasaba?

Debo admitir que sí pasó por mi mente doblegarme, agachar la cabeza, pedir disculpas públicas al «agraviado» con tal de no afrontar esa guerra mediática y legal. Ya me veía frente a una cámara diciendo en tono bajo, pero suficientemente audible: «Por encontrarme obligada a atender otro asuntito más urgente que requiere de todo mi tiempo y mi atención, Luis Miguel, disculpa las molestias... no sé tú, pero yo no voy a entregarme a este litigio cuando tengo enfermito que cuidar en casa».

Para desgracia suya y del batallón formado por sus abogados, ¡recapacité! No era la autora de los «versos satánicos», mi prioridad no eran ellos, mi prioridad era correr al hospital para encargarme de pagar otro tipo de facturas, cuentas justas con los médicos por salvar una vida y no la reparación de la imagen de un artista que solito y con el tiempo se iba a encargar de afectar su reputación personal y profesional. Dios dice: «Ayúdate que yo te ayudaré», y en este caso, puedo decir que me cumplió.

Pero bueno, me tocaba darle la mala noticia al enfermo y al cruzar el umbral de su habitación lo escuché decirme, en tono aparentemente tranquilo, que ya estaba enterado de todo por los medios; que Manuel Colmenares, ejecutivo de Edamex —editorial de mi libro—, ya había recibido la demanda y que lo llamara cuanto antes, y me advirtió: «Esto ha corrido como reguero de pólvora, lo comentaron en el programa de Gustavo Adolfo Infante, ¿ya echaste un vistazo a los periódicos?». ¿Echar un ojo a los periódicos? —pensé— era lo menos que deseaba porque suponía el problema que se avecinaba. ¡Qué ilusa! Cuando apenas comenzaba el rumor de una posible demanda por mi texto, hubo colegas que lo calificaron de inocuo, simple homenaje a Luis Miguel, pero también había otros que lo encontraban «atrevido» y «revelador», dando validez a la querella, atizando el fuego con comentarios tendenciosos para dar cuerpo al escándalo.

¡Perro sí come perro! Lo entendí de inmediato al verme en esas circunstancias tan desfavorables y al toparme con ciertos compañeros que *out of the record* me cuestionaban de la autocensura que me había aplicado al escribir sobre Luis Miguel, cuando de manera pública se dedicaban a reprobar mi intromisión a su vida privada. ¡Asco!

Y lo digo, no por creer que tuvieran la obligación de estar de mi lado. Si su punto de vista era así, muy respetable, siempre y cuando fueran congruentes entre lo que exponían de manera personal y profesional. Hubo muy pocos con esa verticalidad. A mí lo que más me preocupaba es que todo esto afectara a mi familia que, finalmente fue uña y carne, lista para darme la fortaleza que necesitaba.

El 15 de junio de 1994 quedó marcado como una fecha INOLVIDABLE para mí. Experimenté la gloria y al mismo tiempo el infierno: feliz porque el padre de mis hijos le había vuelto a ganar una batalla más a la muerte; aterrada por verme acreedora a un problema legal y a punto de aventurarme por un terreno sinuoso, lleno de trampas y sin atinar cuál era el atajo correcto que pudiera llevarme a la meta sin que mi integridad terminara hecha girones. ¿Alguien por ahí, con tantita sangre en las venas, un poquito de sentido común, podría asegurar que esto no era para quitarme el sueño?

Entre abogados te veas... Pasé horas rogando que amaneciera para buscar de inmediato un experto en la materia que me asesorara. Un brillante abogado que viniera a iluminar mi entendimiento, me diera una palmadita en la espalda y me expresara con toda seguridad: «Yo te lo resuelvo». Un héroe que me rescatara de la fuerza que mostraban los litigantes del artista: ocho, con nombre y apellido inscritos en una de las primeras hojas: Alfonso Javier Novoa Fernández, Carmen Eloísa Domínguez Miramontes, José Luis Caballero Leal, Adriana Sámano González, Eduardo Yáñez López, Eduardo

Bisett García, Roberto Sánchez Jasso, Gabriel Larrea Legorreta, todos a coro como los hermanos Zavala —inolvidable grupo musical— pidiendo 7 millones de dólares (USD) por concepto de «daño moral» así como el 40% de las ganancias de la venta del libro por «daño material».

El despliegue de poder y soberbia mostrado por este bufete, no era como para invitar a la paciencia, menos cuando tuve que analizar con más detenimiento los alegatos que exponían ante el juez: frases aisladas de mi libro, fuera de contexto, como fundamento probatorio de mi culpabilidad. Demanda indecorosa donde aseguraban que yo pintaba al ídolo como «un ser sin voluntad», «un hombre carente de sentimientos», «como objeto sexual», entre otras lindezas. Tramposa deducción de dos psicoanalistas «brillantes» que, en su intento por justificar la paga, entre bostezo y bostezo, llegaron a la conclusión de que *El gran solitario* era la maldad hecha tinta y papel.

Aquí, los párrafos extraídos del libro, como punta de lanza para esta contienda: «Lo único cierto es que Luis Miguel está más solo que nunca». «Su casa son cuatro paredes que se han convertido en cálido refugio o ¿en reclusorio?». «De alguna manera el miedo a comprometerse, a no cometer errores lo han llevado a huir del sentimiento cuando se siente atrapado». «Nunca ha logrado ser feliz».

Y sí, merecía la horca y que rodara mi cabeza. Yo misma no me explico en qué estaba pensando al escribir frases tan ridículas, como tampoco sé en qué se basaban los abogados del cantante para pedir a la autoridad que se me aplicaran ciertas medidas precautorias y provisionales, solicitando mi arraigo y previniéndome de no ausentarme del lugar del juicio. Que me abstuviera de molestar a su representado en su persona, su familia, sus bienes y sus posesiones, así como no hacer comentarios públicos a fin de guardar respeto y consideración, fijados 15 días de arresto en caso de actuar en forma contraria.

Fue cuando me cuestioné si valía la pena tomar el asunto con mucha tensión o con frialdad fingida, pues prácticamente se me estaba tratando como criminal. Con lujo de soberbia señalaban que lo anterior lo estaban solicitando por el temor «fundado» de que, una vez emplazados a juicio, haría comentarios ofensivos de su representado. Argumento ridículo vertido por el gran aparato defensor del artista para evitar que mantuviéramos comunicación con los medios, siendo estos quienes representaban nuestro único vehículo factible para dar a conocer sus atropellos.

Ni fría, ni aprensiva, mi caso debía analizarlo un abogado. Suficiente ya había sido encontrarme con líneas torcidas en el escrito de la demanda, provocándome ira y tensión, pero nunca miedo como para impulsarme a dar marcha atrás. No era una solución aceptar esa injusticia, no si con esto estaban en riesgo cosas infinitamente más importantes. Por tanto, solo faltaba reunirme con los editores de Edamex, acordar sobre los abogados al frente de nuestro caso, y decidir si era factible que cada cual tuviera el suyo, sin dejar de trabajar conjuntamente sumando esfuerzos. Finalmente, estábamos codemandados por los mismos delitos y obligados a pagar la misma cantidad que, ni por un instante pensé en llegar a cubrir. Muy Luis Miguel, pero la verdad todo esto solo era un ardid publicitario ideado por su equipo de trabajo.

La nota de ocho columnas no era él, no era yo, sino la cifra de 7 millones de dólares que le daban otro estatus a su ya destacada figura, un fino barniz que, ni Frank Sinatra logró con esos 2 millones de dólares que pidió a Kitti Kelly por publicar su biografía en 1989. Luis Miguel pretendía un escándalo mayor, jamás lo dudé, como tampoco puse en duda que era forzoso, imperioso, ir tras la búsqueda de mi héroe defensor, tal como acordé con Octavio Colmenares.

Ignorante en cuestiones legales, más que una asesoría; lo que yo requería y con carácter de urgente era un milagro o un golpe de suerte que me llevara a encontrar a un valiente en los 5 días hábiles que tenía para dar contestación a la demanda. Con la salvedad del caso, un abogado parecido al de O.J. Simpson, muy a la «altura» de mis circunstancias si debía librar un pleito de la magnitud que se me venía con un personaje ligado al poder, al dinero, a su relación de amistad con políticos y gente influyente. No deseaba verme en la lona antes del campanazo.

El tiempo se acortaba y mi inquietud crecía al no saber a quién dirigirme; me sentía confusa, dando tumbos y como perdida en un laberinto, por lo que decidí contactar con el primero que apareció en mi lista de abogados posibles, recomendados por amigos y familiares. De «altos vuelos», según esto, el mejor y el idóneo para mi situación, muy amable vía telefónica. Tan amable, que me dio cita ese mismo día a las seis de la tarde en el despacho de su casa, ubicado en Pedregal de San Francisco, muy cerca de donde yo vivía... Hasta me volvió el apetito y el ánimo como para ponerme a organizar todos los documentos que se necesitaban para que me sacara del apuro.

Respiré profundo cuando di con esa construcción enorme de cuatro pisos, mansión que invitaba a pensar en el prestigio y el poder de mi futuro defensor, de ese gran profesional que, aún sin conocer ya llenaba mis expectativas. Y, cual niña, con la seguridad de estar a punto de recibir un juguete nuevo, ansiaba que se abriera ante mí esa puerta de hierro forjado. ¡Qué lugar! Me impactó por sus esculturas, sus cuadros, su ambiente acogedor, cálido como yo imaginaba a su dueño... frío e inhóspito, luego de conocer a mi soldadito de plomo.

De pocas palabras, tono seco, el tirano me condujo en seguida a su despacho mediante señas y, también mediante señas, me hizo saber que podía tomar asiento frente a él, mientras se colocaba los lentes para entregarse a la lectura de mi demanda, sin dejar de rascarse la cabeza. Sumida, en el más odioso de los silencios, dando entrada a todo tipo de conjeturas, con ganas de ponerme a llorar, en espera de una mano confiable que se me extendiera. Pero ni mano, ni palmadita en la espalda, a boca de jarro me soltó: ¿Por qué su interés en meterse en la vida privada del cantante? Si muda me había mantenido, muda me quedé, comprendí que ningún argumento sería válido para él, ya me había condenado y, sin haber leído mi libro, su actitud fue tajante.

«Mire, en realidad estoy por salir de viaje, ¿qué le parece si en dos días nos vemos y le doy mi respuesta? Entienda que debo empaparme del caso y analizarlo» —me advirtió mientras que, con otro ademán, me indicó la salida.

Estaba contrariada, enojadísima conmigo misma, pero no sentí en ningún momento lástima por mí, esa palabra solo se aplica a los débiles de carácter, a los pobres de espíritu, a quien no es capaz de crecerse al castigo. Después de todo, yo vería esta experiencia de manera intensa, muy ilustrativa y gratuita, lo mejor que pudiera estarme pasando, sí, en mi búsqueda imperiosa por dar con un defensor, me toparía con otro peor.

De *Cascarrabias* pasé a mi cita con *El Zopilote* y no por su parecido físico con este despreciable animalito, a quien el destino ha puesto a comer carroña en vez de un alimento digno. Le puse el mote de *Zopilote* por oportunista. Eso sí, atento, simpático, entusiasta, tremendamente positivo, como ya no me atrevía a suponer. De hecho me agradó que hiciera una lectura rápida y ágil al escrito elaborado por los defensores de Luis Miguel.

«La demanda está pésimamente mal planteada, tiene muchas fallas, esto lo tiramos en tres patadas», —aseguró alentándome a sentir una gran admiración por este gran maestro litigante. Y a quien traté de ponerle toda mi atención sobre los pasos que se iban a seguir y las pruebas documentales que yo debía reunir como punto de apoyo. Ya me veía yendo a la guerra con fusil, festinando mi victoria, tal como él festinaba la suya cuando puso frente a mí el contrato que debía firmar para nombrarlo mi representante. Contrato que no rechacé de momento, dado que se trataba de un trámite obligatorio para ambas partes y en el cual había cláusulas, sujetas a revisar para luego estampar mi rúbrica sin más cuestionamientos. Asunto relativamente fácil si esto convenía a mis intereses.

¡Fraude! Descubrí que mi Robin Hood estaba confundiendo al pobre con el rico y a la víctima con el victimario. ¡De infarto cuando vi sus honorarios: un porcentaje del 10% sobre la «suerte principal» que en lenguaje coloquial era un chingo, pues la suerte principal eran 7 millones de dólares.

«¿Tienes idea de lo que me estas pidiendo? —le pregunté mientras dejaba escapar una carcajada nerviosa. —¿Cómo es posible que cobres basándote en la demente reparación del daño que pretende esta gente? ¿No me has dicho que el primer error en ese escrito es haber asegurado que se han vendido más de 400 mil ejemplares desde el mes de diciembre, cuando en realidad mi libro salió publicado en el mes de febrero? ¿Cuánto crees que un autor gana por cada libro vendido? ¿Cómo pretendes un 10% de una cantidad que nunca voy a recibir por concepto de regalías?».

«Está bien —suavizó, mejorando la "oferta"—, págame el 50% de tus regalías y lo demás se lo pedimos a los editores de Edamex».

Ante mí tenía a un loco desatado. ¿Con qué cara me iba presentar ante el señor Octavio Colmenares, dueño de la editorial, pidiéndole esa cantidad? Lo increpé:

«Si tú realmente crees que este juicio es "pan comido", que lo vas a ganar con la mano en la cintura, que incluso podríamos contra demandar, sujétate al dinero que salga de ahí y ¡te atascas! Finalmente a mí lo único que me importa y me interesa es salir limpia de todo ese asunto» —concluí.

Inútil todo argumento, sus honorarios eran altos como la garantía de su trabajo. ¡Ni una palabra más! *Zopilote* salió de mi vida y mi vida empezó a fluir bajo otra filosofía. Siempre hay una luz al final del túnel, siempre hay manera de aguantar las turbulencias, por lo que me vi en la disyuntiva de hacer un alto forzoso y poner en orden mis ideas con la finalidad de hallar los errores en los que estaba incurriendo por desesperación.

Un comienzo nuevo con expectativas más apegadas a la realidad. Empezando por aceptar que estaba ante un acontecimiento que no podía doblarme aunque estuviera en el límite del tiempo para responder a la querella.

Una plática con el licenciado José Luis Lechuga, encargado de llevar el divorcio de mi hermana mayor, me tranquilizó. Me aconsejó aceptar el ofrecimiento que anteriormente me había hecho el dueño de Edamex, su abogado llevaría mi defensa y por cuenta de la editorial correrían sus honorarios.

«No te preocupes —me dijo Octavio en su oficina—, ya tienes suficiente con atender a tu enfermo, deja todo a nuestro cargo y tú vete a tu casa». Toda mi gratitud a una persona que supo darme un respiro en este difícil trance, solo que poco me duraría el gusto, ya que días después recibiría un citatorio de la Subprocuraduría de Averiguaciones Previas de la Coordinación General del Ministerio Público Especializado que, exigía mi comparecencia, para que aclarara un posible hecho ilícito que se me adjudicaba. La intimidación y la persecución legal de Luis Miguel y su gente era para buscar mi rendición, ellos sabían por la situación personal crítica que estaba pasando y apostaban a poder doblegarme.

Y lo sé, porque un amigo de mi hermana Angélica, amigo a la vez de uno de sus abogados, tenía el cometido de averiguar quién era yo, para saber con quién se estaban midiendo. En el juicio Civil, como en todo proceso legal de este tipo, el juez había convocado a una junta de conciliación entre las dos partes, con vía a un arreglo, solo que yo no fui notificada para hacerlo. En el expediente se puede encontrar que «yo incurrí en rebeldía» por no asistir, luego fue que me enteré que mi representante legal sí se había presentado, pero sin consultarme.

Primera de muchas fricciones entre ambos, desacuerdo que intentamos pasar por alto para abocarnos a lo que vendría más adelante.

Inicio del juicio: primera audiencia con Luis Miguel

La hora exacta en que se llevaría a cabo la primera audiencia del juicio Gallego Basteri vs. Edamex-Claudia de Icaza estaba programada para las 11:00 hrs en el Juzgado 21 de lo Civil. Edificio de varios pisos, con salas espaciosas, pero insuficientes debido al alboroto que ocasionó la llegada inesperada del cantante, algo a lo que ni siquiera daba crédito yo, al suponer que una estrella como él, dejaría en manos de sus representantes estos asuntos tan mundanos.

Llegamos con cinco minutos de diferencia. Luis Miguel había subido por un elevador, el cual se asignó de forma exclusiva para él y seis guardaespaldas, juntos ascendieron al séptimo piso, donde yo me encontraba, ahí, justo en el marco del cubículo del juez. De repente se abrió la puerta y se deslizaron unos zapatos muy monos, a los que acompañaban un pantalón de vestir, elevé la mirada y erigido como una estatua monumental el mismísimo Luis Miguel, impecablemente vestido, con una barba incipiente, unos lentes amarillos y déspota al mirarme mientras se dirigía al asiento que estaba a mi derecha. Ya estaba escrito que ocurriera ese encuentro de sensibilidades: la de él y la mía en discordia por un libro. El 18 de agosto de 1994 dio inicio el capítulo del «Carnaval del escándalo», esta carrera de obstáculos, donde Luis Miguel aparecía como el primero de ellos.

No sé qué hubiera ocurrido si los medios y, el público a través de estos, se hubieran enterado de esa visita. Todo aquello en cuestión de minutos se convirtió en una romería. Diminuto el lugar, construido en vidrio, como en pecera y en una esquina: Manuel Colmenares, el abogado de la editorial, yo... en la otra y de manera más holgada, el artista, sus asesores en derecho de autor, representantes legales y, al frente el juez, la secretaria de acuerdos y la mecanógrafa.

Aquí no aplicaba «primero las damas», el primero en ser sometido a la confesional —preguntas preparadas por mi defensor— fue Luis Miguel. ¡Sentí alivio! No estaba enterada de cómo era la mecánica de este acertijo. Me negaba a ser reprobada por el juez, de actitud dura y castigadora conmigo, contraria a la que siempre le procuró al cantante.

Aun así, créanme que hubo un momento de sano esparcimiento, divertido, al menos para mí, por los cuestionamientos del juez a Luis Miguel, quien solo debía responder con un no, con un sí, o en caso de dudas, incluyendo una breve explicación. ¡Cómo disfruté viendo a Luis Miguel sintiéndose perdido con tanto bombardeo de preguntas! «Si había leído el libro y si podía rescatar cosas positivas dichas ahí de su persona», se le preguntó. «Sí lo leí», —dijo dudoso, «sí encontré cosas positivas, pero más cosas negativas que me molestaron mucho», —aseguró en tono melodramático. ¡Pésimo como actor! Fue cuando decidí salir victoriosa de ese juego sucio. Si bien es cierto que había estado a punto de convencerme de estar dolido y afectado, otra impresión me dio cuando en cuestión de segundos volvió al relax, a sonreírle a la gente que nos estaba observando desde afuera y se acercaba peligrosamente al ventanal que «nos arropaba». Yo jamás había sentido el pavor de estar al lado de una figura tan asediada, el cristal que se encontraba a nuestra espalda, estaba a punto de caernos encima.

¿Estaba dolido o perfectamente aleccionado? Aleccionado y a punto de reprobar en la materia de las fotografías expuestas en *El gran solitario*, pues se quitaba y ponía los lentes, dudaba, volteaba a ver a su especialista en derecho de autor y a un amigo, hijo de político que lo acompañaba. Por primera vez lo sentí débil, nervioso, capaz de cometer un error imperdonable que me sumara puntos a mí, que me diera cierta ventaja.

Si tuviera que calificar el momento más bochornoso ocurrido ahí, fue cuando al estampar él su firma en las hojas recién escritas por la mecanógrafa, esta tomó la pluma y la metió en su bolsa ante la mirada molesta del juez. Nunca entendí si fue por su interés de poner orden o porque también la quería como *souvenir* de fecha tan memorable y momento de gran satisfacción para el artista, hasta que la intempestiva llegada de un hombre alto, avisando que el área ya estaba despejada para que el ídolo pudiera retirarse, nos volvió a la escena de mi «crimen».

«¡Me quedo!» —advirtió el cantante—. Su interés por presenciar mi confesional me orilló a pedir permiso para encender un cigarro, pero el juez señaló: «¡Aquí no se fuma! ¿Qué no ve que es un lugar cerrado?». Fue entonces que, el amigo de Luis Miguel insistió risueño, «pues fumamos todos...». «¡Yo no fumo!» —sentenció el juez de manera tajante. Me cayó simpático Farell, de alguna manera imprimió frescura a ese ambiente tirante y solemne, ayudándome a presentar mi confesional mucho más relajada. Igual y podía convencer al «afectado» de mis buenas intenciones.

Misma mecánica: «En este sobre vienen las preguntas que usted deberá responder con un sí o un no, y de no comprender, se le volverá a repetir la pregunta, pero si continúa titubeando, se le dará por confesa: Si usted escribió *El gran solitario*, si usted pidió autorización del demandante para publicarlo, si usted ha invadido su vida privada, de dónde se ha documentado para reseñar ciertos capítulos, para hablar de sus padres...». Todo con la intención de hacerme caer redondita, de verme obligada a pedir que se me repitiera la pregunta y sin la posibilidad de explayarme, tal como me gusta.

«El juez debe tener en la mano el libro de la ley y el entendimiento en el corazón...» y Bacon tenía razón, pero cómo hacérselo entender al señor que tengo enfrente de mí —pensaba yo—. Me indignó mucho que las abogadas encargadas de elaborar el cuestionario, buscaran humillarme: «Que si Luis Miguel era el provocador de mis más locas fantasías» como si tremenda estupidez fuera a reforzar el asunto de daño moral a su demanda. ¡Qué vergüenza tener como defensoras a esas dos mujeres de métodos tan poco serios!

¿En verdad esas líneas me hacían merecedora de un proceso legal? ¡Patrañas! Jamás se detuvieron a reflexionar sobre el mensaje que contenía mi libro en todo su contexto. El sacrificio enorme de un ser humano por encumbrar un personaje. Opté entonces por dirigir mis breves planteamientos a Luis Miguel, parado frente a mí, recargado en una pared, atento a lo que yo respondía. Finalmente era a él a quien debía las aclaraciones pertinentes, si es que valían para que tuviera un concepto diferente de mí.

Teatral y ridícula, una de sus defensoras interrumpió con un golpe seco en el escritorio del juez, para pedirle que me pusiera en orden. «La demandada está hostigando a mi representado». Acto seguido fui apercibida para guardar compostura, sentarme derechita y abstenerme de molestar al señor Gallego Basteri, ahora colocado a mi espalda para evitar que lo siguiera «intimidando». En tono solemne continuó aquel absurdo interrogatorio: «Si considera usted que el artista es sexy», a lo que respondí afirmativamente y con sentido del humor, por ende, Luis Miguel hizo lo propio dejando escapar un «¡gracias!».

Y con esto terminó el asunto de las confesionales. Faltaba buscar un último acercamiento con él, así que, al sentir su presencia en mi espalda, lo tomé del brazo y le pregunté si podía comentarle algo. Se inclinó hacia donde yo estaba dejando al margen de esa plática a los demás. «Mi libro es prácticamente un homenaje a tu persona y a tu carrera —le confesé—. Estoy segura que ni siquiera lo has leído». A lo que respondió: «Sí, Claudia, es una lástima, las cosas pudieron haber sido de otra manera».

Ahora que ha dado a conocer su vida en una serie, caigo en la cuenta que, eso de «las cosas pudieron ser de otra manera» se refería al tono de lo expuesto, yo sí fui muy sutil al contar lo mismo, dije la verdad, pero me faltó crudeza para exponer su historia. El señor me demandó ¡por tibia! El juicio que me entabló, solo fue un juego más para su entretenimiento; lo que a otros la libertad de expresión les ha costado sangre, a Luis Miguel le significó estar frente al Nintendo. «Tú no estás para estos argüendes», le advirtió Farell saliendo del Juzgado 21 de lo Civil.

Mi vida en los juzgados, maltrato de su defensa

En el mes de septiembre mi vida se redujo a varias visitas al juzgado, a soportar a sus abogadas con esa actitud de prepotencia intragable y a descubrir, por desgracia, la existencia de varias plumas en el medio periodístico escribiendo a su favor tratando de reventarme.

En una nota de Ernesto Hernández Villegas del periódico *El Universal* se me pintaba así en la entrevista concedida por su defensa:

> Claudia de Icaza no solo llegó a amedrentar a Luis Miguel para que no la demandara, fue altanera y grosera en su comportamiento durante el proceso de la confesional. En la audiencia, la señora Icaza constantemente agredía a nuestro cliente con poses y miradas retadoras, por lo que tuvimos que pedirle al juez que le llamara la atención.

Juraban y perjuraban que en mis cuentas bancarias había una cifra millonaria, lo cierto es que, la parcialidad con la que el juez estaba llevando el caso ya era una burla, pues desechó pruebas importantes para nuestra defensa y, así nomás, pidió licencia por tres meses para dedicarse a actividades particulares. La primera prueba pedida por nuestro defensor y tirada al bote de la basura fue la pericial psiquiátrica. ¿De qué otra manera se podía demostrar o configurar el delito por daño moral? El «daño» ocasionado por mi libro al demandante fue expuesto por uno de sus amigos Anthony Roci y por su representante Alejandro McCluskey, dando testimonio de que Luis Miguel se veía deprimido cuando se acostaba en los camastros de su casa. ¡Ternura de jovencito!

Todo apuntaba a demostrar que yo había atentado contra el honor, el decoro, la persona, la familia y los sentimientos del cantante, llevándolo a perder el respeto y la consideración de la sociedad. Pero sus abogadas no pudieron probar el daño moral, los argumentos del juez fueron tan débiles que no resistieron la revisión a fondo que se llevó a cabo en el Tribunal Superior de Justicia del D.F y nuestra apelación fue aceptada.

¡Otro golpe a su soberbia y prepotencia! Cobijadas nuevamente por el reportero antes mencionado desvirtuaron los hechos:

> En realidad la sentencia otorgada por la Séptima Sala, nos favorece. Si Edamex en su publicidad sostenía haber vendido cien mil ejemplares al mes y ahora declaran que hasta el mes de septiembre el número vendido es de cuarenta mil libros, es claro que se están contradiciendo.

Un argumento estúpido, si al amparo de una estrategia de venta por parte de Edamex, usual en el medio editorial, cifraban su esperanza de encontrar realmente la cantidad de cuatrocientos mil libros, cuando en realidad, en ese entonces las ventas solo arrojaban cuarenta mil.

Algo ridículo de lo que también se quejaban las abogadas, era de mi atrevimiento por llamarlo un hombre sexy —«argumentos legales»— que con toda la vergüenza del mundo yo debía probar que él mismo promovía eso ante el público, prueba de ello un video donde con movimientos de cadera se quita la camisa en un show, limpia su sudor con ella y luego la lanza a manos de una fan. ¡Oso! El juez, «horrorizado» terminó por advertirme que ese video lo vería cuando él lo decidiera y en el momento indicado.

Esto nos hizo desconfiar, ya no estábamos dispuestos a dejar todo a su criterio, por lo que hicimos constar en un escrito, haber entregado esa prueba documental a tiempo y para que fuera valorada. Para el 19 de septiembre del año 1994, un nuevo juez asume el caso y en la audiencia de pruebas y alegatos, las abogadas del cantante, de manera sorpresiva, se desisten de algunas, por lo que el magistrado estima que las nuestras por desahogar, ya aceptadas, no son fundamentales y decide analizar otras a solas, cuando la ley procesal señala que las pruebas deben desahogarse en presencia de las partes.

Ojo: sus abogadas exigieron que las audiencias fueran privadas porque «se iba a ventilar la vida íntima de su representado». Dios de mi vida, cuando 24 años después el «afectado» iba a destapar su propia cloaca. Cierto es que, durante la investigación que hice sobre su vida, quedaron rezagados algunos testimonios y algunos tópicos por considerarlos fuera de las características que deseaba en un libro dirigido a jovencitas. Por tanto, los únicos testimonios serios presentados, eran los de Rosy Esquivel, Mariana Yazbek y Peque Rossino, entre otros.

Yo llevaba con Peque una buena amistad. Tanto, que cuando escuchó por primera vez el rumor de una demanda en mi contra, se ofreció a ser mi testigo en el proceso legal. Por desgracia Peque falleció la noche anterior al día en que mi abogado presentara en las primeras horas de la mañana el documento donde iba inscrito su nombre y fue mencionado por el juez frente a Luis Miguel como testigo a mi causa.

La avasallante cobertura de los medios de comunicación

Algunos de los problemas graves del periodismo de espectáculos en México es el abuso de las declaraciones con base en supuestos y especulaciones, pues más fácil es echar a andar la imaginación que ocuparse de investigar a fondo y escribir de acuerdo a sus intereses. En mi caso adjudicaron cosas al libro que no tenía: «Desnuda al artista», «Claudia de Icaza descubre todos los secretos del ídolo», por mencionar algunos. Sin embargo, también hubo un grupo de colegas, así como periodistas y escritores serios de otros ámbitos conscientes de la responsabilidad que implicaba sentar un precedente contra la libertad de expresión. A continuación algunos de los escritos puntuales que daban luz de las distintas posturas a este absurdo conflicto legal.

El catedrático de la UNAM, Juan Manuel de Mora de *Ovaciones*, publicó el sábado 17 de septiembre de 1994 lo siguiente:

> Ahora que Luis Miguel tiene pendiente aquí en México una demanda por 7 millones de dólares, contra una autora y una editorial, vamos a reproducir un cable fechado en Hollywood y que a la letra dice: La libertad de expresión ha triunfado sobre el intento de la actriz Elizabeth Taylor por detener el rodaje de una miniserie sobre su vida, alegando que iba en contra de su nombre en el mercado. Un juzgado de California, decidió desestimar la demanda presentada por la actriz contra la cadena NBC que ya filma sobre su vida.
>
> La decisión apela a la primera enmienda de la legislación estadounidense que, defiende la libertad de expresión y prohíbe censurar cualquier discurso hecho sin ánimo de lucro. Categoría en las que están contempladas las películas, los libros, las obras de teatro y los artículos periodísticos. Es una lástima que un artista tan popular como Luis Miguel tenga consejeros que lo conduzcan por un camino en el que solo puede encontrar dificultades, ya que la libertad de expresión no se puede atacar impunemente por más popular que él sea en otros órdenes.
>
> Dicen, sin que nos conste, que alguno de sus «asesores», es estadounidense, entonces sí sería el colmo que tal persona pretenda que se haga aquí, lo que en Estados Unidos no se puede. El libro lo alaba, lo elogia sin freno y sin medida. Además que la fantástica cantidad que le hicieron reclamar sus malos consejeros, no la gana con un libro en México ni Octavio Paz, ni García Márquez. Pero sea cual fuera la opinión de Luis Miguel, el caso de Liz Taylor es un recordatorio para las autoridades judiciales en México.

Por su parte, Felipe Victoria Zepeda, colaborador del periódico *Últimas noticias* señaló categórico:

El juez 21 de lo Civil tiene en sus manos un asunto delicadísimo, donde la libertad de expresión puede verse criminalmente herida, si hace caso a la improcedente y artificiosa demanda por 7 millones de dólares que interpuso malamente asesorado Luis Miguel, contra una escritora y periodista de nombre Claudia de Icaza y a la editorial donde al joven artista lo califican de *El gran solitario*. ¿Cómo se va a cotizar el gramo o renglón de supuesto «daño moral» que alega haber sufrido irreparablemente el muchachito famoso? ¿Es dañar su reputación revelar que ha tenido noviazgos con mujeres?

Los asesores de él debían ser más leales, al cabo que el chamaco deja buenos dividendos por la fascinación que ejerce en las quinceañeras, que lo van a querer igual o más si es símbolo sexual. ¿Quién lo manda andarse retratando con la piel al aire? El libro no le saca ningún trapito al sol, el juez 21 de lo Civil, tendrá que ver dónde comienza la vida privada tan pública como la de Luis Miguel. Condenar a pagar indemnización por un supuesto daño a quien peores cosas le han dicho y hecho, sería lastimar en serio a la libertad de opinar y de publicar cosas con censura previa.

El periódico *Excélsior*, el 31 de agosto de 1994 publicó:

La comunidad intelectual de México, los escritores, los periodistas, los comentaristas de radio y televisión, siguen con preocupación el desarrollo de un juicio que, por sí solo, significa un ataque a la libertad de escribir, consagrada en nuestra Carta Magna. Observan desconcertados un proceso que por obviamente absurdo, nunca debió haber nacido y que, sin embargo, ante los sorprendidos ojos de los jurisperitos nacionales, pertenezcan o no a la barra de abogados, se inició hace un par de meses y ha convertido la sala de audiencias del juzgado 21 de lo Civil, por obra y gracia de los demandantes, en una especie de feria a la que solo falta que acudan en masa los vendedores ambulantes. La escritora Claudia de Icaza escribió un libro lícito, además de encomiable sobre un cantor que según se ve, arrastra a sus conciertos a bastante público.

Si existiera en México una ley que dijera que para escribir un libro sobre una persona o personaje es indispensable contar con la previa autorización, la demanda habría tenido bases jurídicas, pero como esa ley no existe, el personal del juzgado debió rechazarla en lugar de ser utilizado como agente de propaganda del cancionero que ha obtenido abundante publicidad gratuita en los periódicos y justo en el periodo de sus presentaciones en el Auditorio Nacional.

El personal del juzgado, no sabemos si por ignorancia o mala fe, dio entrada a la demanda en que mañosamente y sin ningún apoyo jurídico, patrocinan las autoridades judiciales que aceptan el juego, con la promesa de ser partícipes «si el asunto pega» de una jugosa recompensa. De acuerdo con el peculiar criterio del personal del juzgado 21, que dio entrada a esta querella en lugar de enviarla al cesto de la basura por improcedente y antijurídica, en lo sucesivo cualquier escritor que en pleno ejercicio de su profesión desee escribir un libro, un artículo, una biografía, sobre cualquier personaje, deberá solicitarle previamente su autorización.

Si bien es cierto que la Constitución pone como condición que los escritos no ataquen la moral, la paz pública o la vida privada de una persona, también lo es que un artista, por el solo hecho de serlo es un personaje público, y que el ámbito de su vida privada se reduce al mínimo por efecto de la publicidad que él mismo se procura. A medida que el juicio avanza, la preocupación de los intelectuales crece, por el simple hecho de que un juez haya tomado en serio la queja del adinerado cantante.

Sus defensoras habían decidido que, con la cifra mencionada, Luis Miguel iba sanar sus emociones. El periodista Leopoldo Meráz, quien en un principio abonó con sus notas al fuego del escándalo sugiriendo que sí podía acabar siendo demandada, escribió más tarde:

Luis Miguel tiene que ser indulgente y comprensivo, si no le gustaron algunas cosas de *El gran solitario,* otras le serán gratas, Claudia de Icaza está en el chisme y el cantante con sus abogadas en el intento de lucrar con el inexplicable «daño moral». Para nosotros el capítulo debe cerrarse con un Luis Miguel transformado, qué bello, en el señor del perdón».

Mientras Luis Miguel cantaba y cobraba, yo por escribir pagaba, pero justo el perdón era lo que yo no buscaba, me parecía repugnante la idea de recibirlo por nada. Y mi postura siempre fue así, la opinión de don Leopoldo y de muchos se fue modificando cuando entendieron que sí se estaba atentando contra la libertad de expresión, no contra mí y una lluvia de encabezados hubo en contra del demandante: «Luis Miguel al psiquiatra», «Luis Miguel acusa pero no demuestra», «Luis Miguel y el viento en contra», «Luis Miguel se dio tres sentones ante la demanda contra Claudia de Icaza», «Luis Miguel el gran solitario perdedor», «Que no gane Luis Miguel».

Así que, mientras el escándalo del juicio iba en aumento, en aumento también iban las críticas mordaces hacia el intérprete. Esto publicó Severo Mirón, columnista de *El Sol de México*, en una de sus columnas:

> Dice Raúl Yáñez que urge en México que nadie compre los discos del cantante Luis Miguel, que ninguna asista a sus presentaciones, que las radiodifusoras de toda la república eviten la ejecución de sus grabaciones y su imagen no vuelva a aparecer en la televisión jamás. Pide que los medios impresos proscriban su nombre y que no vuelva a publicarse en el país, ni pagando, su esquela de defunción. Asegura el periodista que Luis Miguel odia a México y a los mexicanos, a pesar de que la nación y los nacionales lo hicieron rico primero y luego lo proyectaron al mundo para que incrementara su fortuna.

No es veracruzano, es de Puerto Rico, el cantante se burló de una mexicana, Stephanie Salas, nieta de la asambleísta Silvia Pinal, con la procreación irresponsable de una hija, Michelle, de cinco años, que se ha negado a reconocer. Y por si estos desmanes fueran pocos, el acaudalado cantantillo demandó judicialmente a la periodista Claudia de Icaza, por escribir sobre las relaciones tormentosas de sus progenitores, pidiendo a la colega una reparación del «daño» en billetes, por lo cual puede establecer un terrible precedente que fracturaría la libertad de expresión en México. Mauricio González de la Garza expuso categórico, que todo ocurre en el valle del señor, pero hay cosas que suceden con más frecuencia porque son podredumbre del alma, corrupción del dinero, porque en el fondo, casi todos son temas y variaciones de los pecados capitales. Uno de ellos es la avaricia. La avaricia hermana de la codicia, de la ambición desordenada, nunca para aquellos cuya vida es oro, deja de ser lo primordial en la vida. Conozco poco a Luis Miguel, digo, como cantante, porque personalmente jamás lo he visto. Sé que era un muchachito extranjero, al que México, generoso siempre con los de afuera, le regaló hasta la ciudadanía, ya no es un muchachito, empieza a verse como adulto, pero quién sabe en qué manos está, quién lo maneje, quién lo manipule, y quién quiera presentarlo ante México como un enemigo de la libertad de expresión. El señor debía saber que es un personaje público no un asceta guardado en una celda dedicado a la oración. Si lograra ganar el juicio, cosa que no permitirá la justicia mexicana, aunque sus abogados anden repartiendo discos suyos autografiados a secretarias y administrativos, y hasta soltando dinero, entonces tendríamos que levantarnos todos los que escribimos. No queremos un Goebbels en México.

El periodista Luis Amador de Gama, en su *Bitácora Internacional de Teleguía* se sumó a la crítica:

De las cosas deplorables, como que no quiere la cosa, un recadito al millonario y obeso cantante Luis Miguel y representantes que lo acompañan: Dicen los esclavos de la redacción y uno que otro periodista, que pretendes cobrar por las entrevistas, que te haces esperar horas para la charla, al igual que en los escenarios dejas al público trabado por el aburrimiento de que aparezcas a la hora pico, triunfante y sonriente.

Una amiga de la redacción me confesó que le prometiste una entrevista hace un año y que al anunciarte con frecuencia, sus radioescuchas la han agredido, ¿pero cómo?, con el público no se juega. El día que dejemos de hablar de ti, termina tu carrera como en cierta ocasión ocurrió con la verdadera estrella vacía, María Félix, lo que pasa es que algunos acelerados comunicadores no se dan cuenta de su sitio. Respétense periodistas o lo que sean, me parece deprimente la situación.

Conclusión: ¿Que demandaste a una escritora mexicana que te ha hecho el favor de darte aún más publicidad gratuita? Entérate ahorita que, más que dos tocados de la mano de Dios, no hay escritor mexicano que tenga siete pesos, no digamos siete millones de dólares, lo que resulta el cotorreo más insensiblemente gracioso, que he escuchado en el año.

Todo esto iba dirigido a los medios vendidos, a quienes apoyaban a Luis Miguel en esta contienda. Ahora es cuando suelto una gran carcajada recordando las palabras melodramáticas de una de sus abogadas refiriéndose a un libro «respetuoso», que no era el mío: «Tendría que ser serio y apegado a verdades». ¿Cómo le hacemos Luis Miguel? ¿Cómo explicamos ahora que te has dedicado a confirmar esas verdades expuestas en mi texto en la serie «autorizada» de tu vida? ¿Qué estará pensando de eso tu «defensora»?

En lo que a mí respecta, la verdad es de todos y cada uno, según su propia percepción de las cosas, según el cristal con el que se mire, según el interés que se persigue. La verdad prevalece hasta que, «las paradojas de la víspera se convierten en las verdades del día siguiente». Y así me despertaba con la noticia que daba *El Heraldo de México* el miércoles 12 de octubre de 1994.

> La mañana de ayer en Miami, Luis Miguel recibió la noticia de que Claudia de Icaza había ido a dar a la cárcel. ¿Cómo fue? Nadie sabe, pero hasta de Telemundo buscaron a la escritora para entrevistarla, sin encontrar respuesta, pero tampoco a una periodista encarcelada, afortunadamente pues el niño al enterarse de lo anterior, se entristeció. Cuentan allegados de él, que solo buscaba que nadie se metiera en su vida privada.

Nota publicada en *El Nacional* sin firma y obviamente dictada por la gente de Luis Miguel a manera de confundir a quienes estaban interesados en este litigio.

> Luego de un polémico juicio que duró más de diez meses, el cantante Luis Miguel gana demanda penal en contra de la periodista Claudia de Icaza y la editorial Edamex, por la publicación de *El gran solitario* que, de acuerdo con los abogados del ídolo juvenil, lo difamó en detrimento de su imagen. El libro deberá ser retirado inmediatamente de circulación y los demandados están obligados a pagar al intérprete el 40% de las ganancias obtenidas por la venta del citado libro y que se estima en 100 mil ejemplares. A continuación emitimos un comunicado enviado por la oficina del artista, probando que Claudia de Icaza y Edamex actuaron ilícitamente, en sentencia emitida el 31 de enero de 1995. Juez vigésimo primero de lo civil ha resuelto que el cantante ha sido favorecido en los siguientes términos:
>
> Pago del 40% de las ganancias del libro, y entre otras consideraciones, la publicación de las fotografías que aparecen, no cuenta con la autorización expresa del artista, según lo dispone el artículo 16 de la Ley de Derechos de Autor, que señala: «El retrato de una persona solo podrá ser usado o publicado con fines lucrativos, con su consentimiento expreso de su representante o causahabientes».
>
> El material fotográfico que se incluye en el libro referido no cuenta en ningún momento con la autorización que la ley requiere para su utilización.

Y hasta aquí la nota escrita seguramente por uno de sus abogados y pagada para ocupar espacio en ese periódico. Dentro de toda esta gama de opiniones de los colegas, a mi favor o en contra, nunca dejó de asombrarme la reacción bipolar de un tal Villegas (que en esa época colaboraba en el periódico *El Universal*), a quién incluyo por contradictorio, visceral y por mostrar una credibilidad muy cuestionable.

Mire usted para el primero de septiembre del año 1994 esto decía sobre la demanda en mi contra:

No tiene derecho a entrometerse en la vida personal.

Siete días después me defendía y decía esto:

Claudia de Icaza fue demandada por Luis Miguel, ya que el mozalbete, se queja entre otras cosas, de que invadió su vida privada y lo considera un símbolo sexual. Claudia sólo se concretó a exponer sus conocimientos sobre Luis Miguel haciendo uso de su libertad de expresión, que sólo hace más popular al cantante.

Un Mes más tarde, el 2 de octubre de 1994, el «periodista» ya había logrado meter presión al equipo del cantante, anunciando con bombo y platillo, una entrevista concedida por el ídolo a su periódico:

Luis Miguel rompe el silencio y habla de la demanda. «La escritora hizo mal uso de la libertad de expresión al escribir sobre mis padres sin ningún fundamento, dañó su imagen ante el público».

Villegas concluye la nota anterior con este comentario:

Nadie hasta el momento había logrado una declaración del cantante, *El Universal*, luego de una ardua labor de convencimiento, considerando al medio, el más adecuado y con mayor credibilidad del país.

Ahora soy yo, como autora de *El gran solitario*, la que requiere de su atención a estas otras declaraciones vertidas por el artista —sin olvidar lo que han visto en su serie: «Realmente me molesta y me aflige hablar de esto, porque nunca quise que creciera a tal magnitud. Por eso no he querido hablar con los medios. Sin embargo, creo que la escritora se ha encargado de hacerlo en gran parte para su beneficio. En mi caso este libro me ha traído grandes malestares por su contenido, ya que no refleja la realidad de mi vida, de mi persona. Desde el título me agrede, porque a mí me rodea mucha gente que me quiere, pero eso no lo tengo que decir a medio mundo, eso me satisface a mí que es mi vida personal que a nadie interesa».

A renglón seguido, las declaraciones de las defensoras de Luis Miguel: «Luis Miguel solo defiende el honor de los suyos, más que el monto económico que pueda recibir si gana el juicio».

Luis Miguel Consideraba que debía pagarle 7 millones de dólares por mi atrevimiento, pero a 24 años de distancia, cobró dos millones menos por contar todo y más de lo que revelé, ahí se los dejo de tarea.

El 7 de diciembre de 1995 me desperté con la noticia «confirmada» por el «periodista» antes mencionado donde aseguraba que Luis Miguel había ganado el juicio. Un mes después, el 6 de enero de 1995, arremetió contra mí y contra quienes ya no lo estaban surtiendo de información «privilegiada»:

> La vida privada es privada, aquí y en China. Mientras tanto, la oficina del artista parece estar de cabeza, pues ha dejado de formar parte de la misma, Susana Cáceres. Rumor confirmado al llamar por teléfono y no encontrarla, siendo Susana la única que mantenía la puerta abierta entre el cantante y los medios de comunicación, pues llegar a Mauricio Abaroa, es imposible. Si Dios no lo merece, mucho menos los simples mortales ¿quién se cree que es Luis Miguel?
>
> Maxine Woodside, Alfredo Gudinni, Gustavo Adolfo Infante, Patricia Chapoy, Guillermo Wilkins, serán quienes den testimonio a favor de Claudia de Icaza en la próxima audiencia, ante la juez 32 de lo

> penal. Los anteriores son testigos ofrecidos por la abogada defensora de la periodista, con el fin de brindarle apoyo a la acusada. Para esta audiencia también será citado Luis Miguel, según petición del Ministerio Público, Alicia Rosas Rubí, encargada de este asunto.
>
> Luis Miguel consciente del daño que le puede ocasionar a Claudia de Icaza, y dado que su intención no es lastimar a nadie, sino defender su integridad moral, decidió otorgarle el perdón en el proceso penal por presunta comisión del delito de difamación. En caso de haber dejado que esta demanda procediera, hoy la periodista tendría antecedentes penales. Luis Miguel, en el ejercicio del derecho que nos otorga el artículo del Código Penal, decidió perdonarla.

¡Nada de perdón! Luis Miguel no tenía deseos de ir a poner sus zapatitos en un juzgado tan rascuache y maloliente, por ello, preguntó a sus defensores la medida legal con la que pudiera evitar presentarse y la ejerció. No es lo mismo «otorgar un perdón» a quien no se lo había solicitado, ni menos lo estaba esperando. El señor se desistió de su derecho a continuar el juicio, pero como era un demandante, «perdón jurídico» es lo que aplica. Así de sencillo y patético.

En ese momento era evidente y obvio el apoyo del «periodista» a Luis Miguel, otorgándole un poder divino para perdonarme, dijo lo siguiente contra el artista y contra mí de manera muy visceral, mostrando que habíamos caído de su gracia:

> Ya va siendo hora de poner los puntos sobre las íes y acabar con este «jueguito» del que nos han hecho partícipes Luis Miguel y Claudia de Icaza, pues piensan que los medios de comunicación están a su disposición. Lo más reciente del boletín que envía Mónica Colmenares, es donde asegura que el cantante se burla de todos, sin analizar que ellos están en la misma posición y que también se han aprovechado de los medios enarbolando una falsa defensa de la libertad de expresión, defendiendo un libro carente de sentido periodístico, pues no aporta nada nuevo, de lo que se sabe, a quien lo lee.

La situación está patas para arriba en todas partes, empezando por la oficina de Luis Miguel, donde cada uno de los que trabajan ahí buscan darle por su lado al cantante. Mientras que, por debajo del agua, se están lanzando grandes cantidades de veneno. Desde el director de Arias Productions, Mauricio Abaroa, hasta la recepcionista, sin olvidar a los abogados, contadores y no dudaría de quien también hace la limpieza, porque, lo malo no es donde trabajes, lo malo es trabajar para Luis Miguel.

Ojo porque aquí se contradice:

Abaroa ordenó que no hablaran más los abogados. Fue así que contrató los servicios millonarios de Rosy Pérez y su agencia Consecuencias, pues el más reciente boletín enviado y maquinado por Pérez y Abaroa, firmado por el abogado José Luis Caballero, terminó por hundir al artista que fue la comidilla de todo el país con su encabezado: *«Luis Miguel perdona a Claudia de Icaza»*. Y todo el mundo nos preguntamos ¿Quién es Luis Miguel para perdonar o no? La labor de Consecuencias está en tela de juicio, sobre todo porque en una de las audiencias se le vio a Rosy Pérez hablando con Francisco Curiel, esposo de Claudia. El asunto ya no tiene dirección. Ya estuvo bueno de enfrascarnos en este asunto que no sabemos a quién beneficie más, pues el colmo de los colmos es que Claudia quiere escribir un libro con todo lo que ha pasado en el juicio esperando con ello pasar a la posteridad. ¡Basta!

24 años después, heme aquí reseñando lo que viví con ese juicio y luego de publicar cinco libros más sobre otros personajes. Mi congruencia sigue intacta, la de este «colega» mencionado por su gran «aportación» periodística queda a su consideración: «La vida privada de cualquiera, es vida privada aquí y en China», pero por otro lado aseguraba que, «mi libro no aporta nada nuevo a quien lo leía». Luis Miguel, «era un hombre sin rencores que me otorga a tiempo el

perdón, salvándome de tener antecedentes penales», pero por otro lado, era «un loco que se creía con el poder de perdonar o no».

Juicio penal y un intento de «arreglo»

Fui emplazada a un juicio penal por los delitos de «difamación» y «calumnias», cuya pena, en caso de comprobarse el delito, sería pagar la módica cantidad de unos cuantos pesos o dos años de cárcel, con la posibilidad de salir bajo fianza por tratarse de la pena máxima impuesta por un juez. Proceso judicial llevado a la par con el juicio civil por «daño moral», con la idea de intimidarme, así que tan pronto recibí el citatorio, marqué al abogado de Edamex, leí el escrito y nos dispusimos a cumplir con esa cita en la fecha y hora fijada.

Me pareció muy humillante la revisión que me realizó un médico previa y posterior a las declaraciones: ¿Fuma?, ¿toma?, ¿se droga?, para asentarlo en actas el galeno verificó que no viniera golpeada. Buen punto vigilar este tipo de cosas, solo que yo hubiera agradecido más que vigilaran que mi declaración no se hubiera convertido en un interrogatorio «amañado» siendo que por derecho no estaba obligada a someterme a ello. Un error mío por ignorar este tipo de procedimientos, error garrafal de mi defensor en esos momentos, convencido de que yo debía prestarme a eso. ¿Cómo dudar? El mismo encargado del interrogatorio, me aseguró muy empático antes de retirarme: «No se preocupe, no hay delito que perseguir» y con esa seguridad me despedí feliz creyendo haber resuelto el problema.

Grave error. Tiempo después recibiría otro citatorio para presentarme otra vez en la Procuraduría con las copias de las pruebas entregadas en el juzgado de lo Civil. «Cuestión de rutina», me dijo la misma autoridad y quien anteriormente me había tranquilizado con un «usted no se preocupe». Situación que coincidía con la nota publicada ese día, donde se informaba que me encontraba encarcelada y razón por la cual Luis Miguel encargó a un amigo cercano, citarse conmigo para terminar con ese lío que iba adquiriendo matices graves. Y no porque fuera cierto lo de mi encarcelamiento, más bien porque todo esto iba en detrimento de su imagen, pues ya lo traían de encargo varios periodistas y estaba en busca de «un arreglo».

Contactar con el amigo en cuestión, fue a través del asesor en derecho de autor de Luis Miguel, con quien curiosamente yo no había tenido ningún roce. La cita con el intermediario para fumar la pipa de la paz, sería en la cafetería de Liverpool en Polanco. Un día después de participar como madrina en la presentación del libro *Cómo se hace una estrella* de mi amigo Rubén Aviña, donde en efecto, mi marido Francisco Curiel cruzó algunas palabras con Rosy Pérez, pero fue ahí, en ese convivio, no en el juzgado como aseguró Villegas.

Y sí, ahí coincidimos con Rosy Pérez, quien siempre me encargaba realizar las entrevistas de sus artistas representados y quien, para mi sorpresa, días después se convertiría en la vocera oficial de Luis Miguel. Igual de sorprendente fue para mí aquella cita con el amigo de Luis Miguel, quien, a manera de saludo, me dijo:

—Agradezco tu interés por acudir a este encuentro, a pesar del pésimo trato que has recibido por parte de las defensoras de Luis Miguel en el juzgado.

Tras dos cafés y varios cigarros encendidos, me explicó que la mejor manera para finiquitar este asunto era dándole una satisfacción al artista, y créanme que pensé en todas y de todo tipo.

—¿A qué te refieres? —pregunté.

—A que reconozcas que en tu libro dijiste cosas que no debiste mencionar y que lo digas, ya sea en prensa escrita, en radio o en televisión —me señaló de lo más fresco.

—¿Te refieres a una disculpa pública? —insistí.

—Sí lo quieres ver así, pues sí —advirtió.

—¿Ya leíste el libro? —le cuestioné, imaginando su respuesta.

—La verdad, no —admitió.

—Pues entonces no sabes de lo que estás hablando y por lo que veo, tampoco Luis Miguel, seguramente dieron lectura a ciertos párrafos fuera de contexto, subrayados de manera artificiosa por esas defensoras. Y déjame decirte —subí la voz— que este libro es totalmente inocuo, por lo tanto no pienso pedir disculpas a nadie.

—Es que aquí se trata de que ambos se den una satisfacción, ¿me entiendes? —dijo conciliador—. Tú también has padecido este proceso, eres creativa, ¿por qué no piensas en algo que convenga a los dos?

¡Reventé!

—Tú lo has dicho, yo sí he padecido todo esto, yo sí he tenido que ir a parar a la Procuraduría, rendir declaración, ser revisada por un médico. ¿Sabes en qué condiciones personales recibí la demanda de tu amigo? Con mi marido en cardiología recién operado del corazón.

Alterada yo, él de manera discreta me invitaba a la cordura, al tiempo que dejaba escapar una carcajada.

—Baja la voz, no vayan a pensar que somos pareja en plena bronca.

Me cayó en gracia, al menos intentaba llevar las cosas de manera civilizada, hasta me ofreció parar el juicio penal de manera definitiva. A lo que respondí:

—Eso es lo que menos me preocupa, como quiera que sea lo voy a afrontar, más molesto ha resultado para mí que Luis Miguel dijera en una entrevista que quién era yo para escribir sobre él. Y señalé burlona: De Luis Miguel no va a escribir Octavio Paz, ¿cierto? Dile a tu amigo que mi nivel sí alcanza para biografiarlo, que en mi núcleo familiar hay gente importante como el periodista Alfonso Icaza, iniciador de *El Redondel* y supongo que tú, siendo hijo de político, debes saber quién fue Luis Padilla Nervo, hermano de mi abuela materna. Por si Luis Miguel no lo sabe o no se lo dijeron, Padilla

Nervo fue Juez de la Suprema Corte de Justicia Internacional, y si le parece poco —advertí irónica— pues le agregas a la lista de mis familiares, a un señor conocido como Amado Nervo, que era hermano de mi bisabuela.

No mamona, mamonsísima. Ya había llegado el límite de mi tolerancia, me indignaba que el precio de mi cabeza se redujera a una disculpa pública. Acto seguido, tocamos el tema de mi contrato, del porcentaje de regalías por la venta del libro, momento en que volvió a insistirme sobre esa «satisfacción» monetaria que yo me merecía si le daba a Luis Miguel la «satisfacción» de pedirle públicamente el indulto.

—Piénsalo —me dijo—, algo se te puede ocurrir, tengo tus teléfonos. ¿Es posible que pueda volver a llamarte?

Con mi actitud y la forma en que me despedí, fue un rotundo No. Irónicamente el expediente fue turnado de inmediato al juzgado 32 Mixto de Paz, siendo convocada a una junta de avenencia con la otra parte, solo que esto lejos de arreglarse, se agravó. Mi abogado llegó retrasado, con la novedad de que las defensoras del cantante deseaban conciliar si yo admitía haberme equivocado al escribir el libro. Me puse histérica, solté todas las groserías que había en mi repertorio, el encargado del caso en la Procuraduría puso orden, una de las abogadas se concretó a decir tajante: «Si no es de nuestro agrado cualquier ofrecimiento por parte de los demandados, así no estemos de acuerdo con uno solo, no hay arreglo y continuamos con el juicio». Ella cuantificando los «ofrecimientos» cuando yo no pensaba otorgarles ¡ni uno por equivocación!

Todo aquello terminó en gritos y sombrerazos, ellas contra mí, yo contra ellas, todos contra todos. Esta reunión me clarificó muchas cosas: además de negarme a un arreglo con ellas, mi abogado no continuaría defendiéndome, por «incompatibilidad de caracteres», pero debo admitir que nuestra «ruptura» fue en buenos términos.

Mi defensa quedó entonces en manos de otro abogado que representaba también a la editorial, en combinación con el licenciado José

Luis Lechuga Martínez, mi asesor y quien pondría al frente de mi defensa a la penalista Nora Rodríguez.

Fue el día 27 de octubre de 1995 cuando informó el diario *La Afición* que la juez Cristina Torres, declaraba improcedente la demanda penal por no encontrar elemento alguno para procesar a Octavio Colmenares... Duro golpe a la defensa del cantante, de inmediato apelaron contra esa resolución que ponía el marcador en 2-0 a favor nuestro, ya que unos días antes el Tribunal Superior de Justicia ya había girado orden al titular del Juzgado 21 de lo Civil para que ampliara el periodo de desahogo de pruebas que venía a rescatar al fin, la pericial contable que el juez Escalante había dejado rezagada y que daría un balance real sobre las ventas del libro.

Solo algunas notas periodísticas de humor me hacían sentir relajada mientras terminaba el periodo de pruebas en los dos juzgados, Civil y Penal. Héctor Pérez Verduzco añadía sal y pimienta a este platillo:

> ¡Cómo chicagos, no! Claudia de Icaza ya plancha oreja como un lirón. Se echó de capirucho a Luis Miguel y a sus abogadillas que la demandaron. Triunfo de la libertad de expresión. Las leguleyas Cruz Abrego están a base de té de tila, y charalate, porque la juez María Cristina, después de estudiar la acusación en contra de la colega, dictaminó que no había delito que perseguir. No hubo elementos sustentados, para condenarla. Los testigos de cargo opinaron que *El gran solitario* pecó de exceso de elogios para el huehuenche. Así que termina la bronquita y se puede decir, porque así es, que la ñora Icaza seguirá en su casa con la mano en lo alto por el nocaut que le recetó a Luis Miguel y a socias que lo embarcaron.

Faltaba tiempo para que fuera una realidad, las audiencias, las apelaciones seguían su curso, las agresiones, los ataques, los golpes bajos eran pan que debía comer casi todos los días.

Como el día en que estaba programado un interesante desahogo de pruebas, pero debido a un incidente llegué con una hora de atraso. ¿Causa, motivo o razón? Los faros rotos de mi coche a manos de tres individuos que luego de su fechoría huyeron en un Ford blanco, destartalado y sin placas. Hecho en el que no profundicé, dado que no contaba con elementos contundentes que pudieran señalar a los culpables. Solo diré que esta audiencia fue pospuesta, día en que daría testimonio a mi favor Arturo Forzán, director de Pulsar F.M., comunicador del medio del espectáculo experto para opinar sobre el efecto que mi libro había causado en las fans de Luis Miguel y si este ya no era programado en sus estaciones por encontrarlo desacreditado gracias a mis indiscreciones.

El interés de mi abogada penalista encargada de presentar estos testigos, solo buscaba demostrar que el cantante seguía siendo el rey y no un artista expuesto a la deshonra y al desprecio del público como lo querían hacer ver sus representantes legales. Algo que me costaba trabajo entender, pero así me lo explicó mi abogada, «El descrédito configura el delito de difamación». ¿Qué curioso, no? Mientras yo lo elevaba al rango de ídolo indiscutible, en cada página de mi libro, las litigantes del ídolo lo echaban al suelo con tal de ganar el juicio penal.

Procedimientos que están fuera de toda lógica, aunque otra sea la forma de entender y aplicar las leyes. Adriana Garay, del periódico *Reforma*, narró así lo ocurrido en una audiencia:

> En virtud de que, en repetidas ocasiones los cuatro abogados del Consorcio Cruz Abrego, «conversaban» al oído con el representante del Ministerio Público, la abogada de Claudia de Icaza le pidió al Secretario de Acuerdos que tomara las medidas de apremio correspondientes, ya que en las audiencias se debe permanecer en silencio. El funcionario del Tribunal Superior de Justicia, advirtió esto a las representantes legales de Luis Miguel por la falta en la que estaban incurriendo, lo que no fue suficiente pues persistieron en su actitud.

A esta audiencia, de Icaza fue acompañada por su esposo el compositor y productor Francisco Curiel quien manifestó su enojo: «Es denigrante e indigno que Luis Miguel haya contratado a un bufete como el de Cruz Abrego para resolver un problema que más bien parece de criminales o de narcotráfico. Se han ensañado con todo el poderío económico que tienen en contra de Claudia».

Lo anterior lo escribió Adriana y esto publicó Villegas de *El Universal* quien, por cierto, no estuvo presente, ni sé de qué manera se informó para dar su versión de los hechos:

> Claudia de Icaza incrementa el número de personalidades involucradas en este juicio penal. Los testigos presentados opinaron sobre la popularidad del cantante, pero según sabemos, en el delito de difamación la ley protege el honor y la honra, por lo que no es lo mismo la gimnasia que la magnesia, Arturo Forzán respondió con evasivas, la audiencia se desarrolló bajo un clima de tensión que orilló a Claudia a solicitar permiso del Secretario de Acuerdos para salir a vomitar. Lo que ya está resultando demasiado show.

Rosario Murrieta del periódico *Novedades*, quien sí acudió al juzgado para informarse y formar su criterio de lo que estaba sucediendo, narró:

> Por el trato doloso y prepotente que ha venido recibiendo durante sus comparecencias en el juzgado 32 Mixto de Paz por parte de las abogadas del cantante, Claudia de Icaza no descarta la idea de recurrir a la Comisión de Derechos Humanos. La periodista estuvo ayer para declarar por última vez ante la juez Cristina Torres, antes de que el martes ésta decida si la demanda es legal o no. Según la periodista, ya de plano está pensando en que se le declarará culpable por la manera en que se desenvolvieron las cosas. Y aunque se suponía que las abogadas del cantante no podían intervenir en los cuestionamientos, ya que

los testigos fueron conseguidos por la abogada de Claudia, éstas tomaron varias veces la palabra, ante un juez tibio que intentó poner orden.

Y sí, mi percepción del juicio penal en mi contra, no estaba errada. El 18 de enero del año 1995 en el periódico *Reforma* se anunciaba que, por encontrar ciertos indicios del delito de difamación, la demanda penal en mi contra sí procedía. Algo que no me sorprendió, pues en la última audiencia la balanza estaba echada a favor de los defensores de Luis Miguel, de hecho mi abogada ya me había prevenido que podía suceder, pero que no me preocupara, porque con esto entrábamos al fuero federal donde acabaría por resolverse a mi favor. Y tan cierto era que todo esto carecía de sustento legal, que la propia juez, al tiempo en que me entregaba mi boleta de «indiciada», comentó: «Mire, esto está agarrado de alfileres, pero como había indicios, la sujeté a juicio». Para luego agregar en tono suave: «Ya leí algo en el periódico acerca de Luis Miguel y a mí me late que no quiere perjudicarla, yo creo que sus abogadas son las que tienen algo muy personal contra usted». Sentí una gran decepción al corroborar que la juez ni siquiera estaba segura de su proceder. ¡Dios de mi vida! ¿Con esa convicción resuelven las autoridades este tipo de conflictos legales? A punto estuve de expresarle lo que estaba pensando de ella, de las leyes y de las abogadas del cantante, pero un puntapié de mi abogada, Nora Hilda Rodríguez, me hizo frenar mis impulsos.

Bostecé pensando en todo lo que se venía: más testigos, más alegatos. Cuando mi defensora me advirtió de la posibilidad de pedir la presencia de Luis Miguel para un careo, me negué a esa posibilidad que me correspondía por ley. No obstante, para el 15 de febrero de 1995, mi abogada me informó que el Ministerio Público había pedido la presencia de Luis Miguel, sin que este pudiera negarse, ya que de no acudir la pena consistía en 36 horas de arresto inconmutable, de conformidad con la fracción 11 del numeral 33 del Código Penal vigente en esos momentos. «Es como haberle puesto un cuete en la cola —me comentó Nora—, disfruta este momento, no creo que pase de aquí».

En el mes de febrero, en la partida 177-94 en la averiguación instruida contra mí por difamación, se decretó la extinción de la acción penal y ya tenía en mis manos mi boleta de libertad como presunta responsable de ese delito. «Presunta», que no es lo mismo que sentenciada y encontrada culpable, como cierto es que, Luis Miguel, antes de ir a poner sus pies en ese sucio juzgado, de someterse a un careo conmigo, de escuchar lo que tenían que decir mis testigos y antes de verse perseguido por los reporteros, decidió otorgarme el «perdón jurídico» que la ley debía llamar desistimiento. ¡Punto y se acabó!

En este contexto las crónicas del juicio penal del periodista Leopoldo Meráz eran un verdadero respiro para mí por la certeza de saber que alguien con esa agudeza podría retratar lo que me estaba ocurriendo. Les comparto algunas de sus notas:

> El borrador del próximo libro de Claudia de Icaza relata su conflicto con Luis Miguel a raíz de recoger confidencias, chismes, impresiones de primera vez, secretos de amigas y recortes de prensa. Ayer se reconoció la inmensa verdad que escuchara Rosy Pérez, su agente de prensa. «El artista no tiene vida privada... hasta que ya no es artista» —evangelios leídos en nuestro largo camino— Luis Miguel necesita más que tres abogadas, más que dos hermanitas Abrego para callar cuanto se dice, supone, murmura y se sentencia de él.
>
> Un día después de que la autoridad desbarató la acusación calumniadora a Claudia de Icaza, que solo ejerce el derecho a la libertad de expresión, el cantante ordena a su bufete jurídico: *Dice mi amá, que ¡siempre no!* Y las hermanitas Abrego sienten que les cae encima el abucheo de la multitud, mientras su agente de prensa advierte que se cancela el juicio penal, pero continúa el juicio civil. Y al frente de este, dos abogados muy respetables y eficientes Gabriel Larrea y José Luis Caballero, el sainete ha sido mayúsculo.

La primera que se desentiende del problema es la juez María Cristina Torres —fondo musical— ¿No qué no María? María Cristina me quiere gobernar y yo le sigo, le sigo la corriente. Si perdona Luis Miguel, también perdona Claudia de Icaza, es el principio cristiano.

Ama a tu prójimo como a Luis Miguel, ustedes van a leer el boletín de Luis Miguel redactado por Rosy a nuestros queridos compañeros que van a seguir la corriente como María Cristina, ¿verdad? Habrá quien titule con estas palabras «Luis Miguel otorga el perdón». No colegas, no y no. Claudia de Icaza es la que perdona la osadía de un artista consentido que la exhibió como pobre criatura a la que sus abogadas Abrego deseaban aplastar, hacerla esclava.

Afortunadamente pocos fueron los colegas que creyeron el perdón de Luis Miguel y lo publicaron como Rosy Pérez deseaba, ya que las burlas no se hicieron esperar: «Toda una farsa el supuesto perdón de Luis Miguel a Claudia de Icaza». Cuando parecía que el penoso asunto legal y judicial provocado por la intransigencia de la gente que ha venido mal aconsejando al cantante en el proceso que se le sigue a la periodista autora de *El gran solitario*, llegaría al final a través de un careo entre las partes inmiscuidas, ahora resulta que el internacional artista, en voz de las hermanas Abrego, tuvieron la genial idea de lanzar a los cuatro vientos la noticia de que se le otorgaba el perdón y el asunto quedaba olvidado, por lo que hace al terreno penal.

Concluye Rafael Ortiz Habib, autor de la nota publicada en *El Sol de México*:

Como es lógico de suponer, el «perdón» ofrecido por el cantante no le ha causado mayor gracia a la periodista, quien se ha negado a tomarlo, toda vez que si la escritora lo aceptara, estaría reconociendo y aceptando una culpa que todavía no se le ha podido comprobar.

Y el reconocido periodista estaba en lo correcto, de aceptar algo así era como asumir que era culpable. Un delito que no se me podía comprobar y ellos lo sabían, pero sus métodos tramposos para desvirtuar la realidad ya no tenían límites. Yo me enteré por Adriana Garay del periódico *Reforma*, quien me leyó el comunicado amañado que señalaba: «El artista se retira de la contienda, con la enorme satisfacción de haber marcado un precedente que no será olvidado en mucho tiempo».

Texto que me pareció aberrante, de cabo a rabo. A tal grado que decidí acudir al juzgado exigiendo que continuara el juicio, pues me parecía una burla total para el público, los medios y hacia mi persona que no estaba dispuesta a admitir. Pero, ¿qué dice la ley a este respecto? Si yo era la demandada y estaba recibiendo «el perdón jurídico» o sea «desistimiento» del cantante, no era posible que yo apelara contra una resolución que «me favorecía». Por lo que, sin otra opción, entregué al juzgado un escrito de inconformidad y exigí que se incluyera en el expediente:

> *Claudia de Icaza Carranza, en mi calidad de encausada al juicio, rubro indicado, con el debido respeto, ante usted comparezco a exponer que, vengo a manifestar mi total inconformidad con el «perdón» otorgado por las representantes legales del señor Luis Miguel Gallego Basteri, ya que en ningún momento, con el contenido de mi libro «El gran solitario, biografía no autorizada», se le difamó y por ende, no se le ha causado descrédito, deshonra, ni ha sido expuesto al desprecio de persona alguna con el libro antes mencionado.*
>
> *Respetuosa como soy de las leyes mexicanas, acato el contenido del artículo 93 del Código de la materia, así como el auto emitido por su Señoría el pasado 2 de febrero del año en curso —95— por el cual decreta la extinción de la acción penal seguida en mi contra, la que acepto como un reconocimiento a mi inocencia, ya que el supuesto ofendido Luis Miguel Gallego Basteri, así como todos sus abogados, encabezados por sus también representantes legales María Teresa y Beatriz Zita, ambas*

de apellido Cruz Abrego, y la Licenciada Alicia Rosas Rubí, agente del Ministerio Público, encargada especial de la causa, no pudieron demostrar en ningún momento que, como autora de «El gran solitario», haya difamado al citado cantante.

Por lo expuesto a usted, C. Jueza, atentamente le pido se sirva tenerme por presentada en los términos del curso, para los efectos legales correspondientes.

México, D.F., 10 de febrero de 1995.

¡Ni hablar! Así se manejan las cosas en nuestro país, así se permitió que un cantante poderoso y seductor utilizara los recursos de la ley, para demandar por daño, pero sin probarlo, tuvo la oportunidad de colocarme la última estocada ese 15 de febrero de 1995 con el fin de hacer uso de su derecho legal, pero no quiso comparecer y «magnánimo» mandó decir que me perdonaba. ¿Y los representantes de la ley? ¡Bien, gracias! Se dieron a la tarea de dar por terminado un juicio «prendido de alfileres». Y así, «prendido de alfileres» quedó este expediente salido de la Procuraduría donde alguien ahí me aseguró en un inicio que «no había delito que perseguir y que no me preocupara».

De lo perdido lo que aparezca... Perdí la calma y la paciencia con este fin del show, pero debo admitir que obtuve una gran ganancia: después de seis meses logré que se retiraran de la puerta de mi casa dos patrullas de judiciales que se la pasaban postrados ahí, mañana, tarde y noche. Algo que llegó a incomodarme en un principio, pues debía mantener al margen de esto a mis hijos, molestos por ver a su mamá rodeada de esos ocho grandulones. Hartos de estar escuchando comentarios imprudentes de algunos vecinos, que empezaban a verme como el personaje oscuro de la colonia. «Ahora sí se la llevan» —de ese calibre eran sus deducciones— tal como si mi problema legal se tratara de un delito de narcos y me tuvieran rodeada. Aunque debo admitir que, luego de un tiempo, estos judiciales ya formaban parte de la decoración exterior de mi casa, y hasta llegué a sentirme la «Lady Di» mexicana acompañada por sus escoltas.

Juicio civil y la fuerza de la unión

Luis Miguel era un perdonavidas, pero no un perdonadólares. Si bien la editorial Edamex y yo siempre salimos exonerados por daño moral en el juicio civil, en acto salomónico, el juez había decidido dividir la sentencia: insistía en que debíamos pagar el 40% de las ganancias del libro, por el supuesto daño material ocasionado al artista por utilizar fotografías con su imagen.

Asunto que ocasionaba la risa de ciertos periodistas inteligentes y muy analíticos. Recuerdo bien el día en que, la periodista Alma Elena Quintana me preguntó, en entrevista de radio, si de vivir Hugo López, *manager* del ídolo, hubiera permitido un litigio. «Sé que no —le respondí segura—, Hugo lo cuidó como si fuera un hijo, como nadie». Más tarde Alma Elena publicaría lo siguiente:

> Luis Miguel es la empresa que se atraviesa aquí, con todas las infamias de la explotación humana. La bajeza de amañar el proceso por la notoriedad y el lucro. Por muy carismático y seductor que sea, Luis Miguel tiene que entender que México se rige por leyes, la libertad de expresión, lo más respetable. Mientras ejerza un encanto, las Vivanco antes y siempre vivales, van a seguir maniobrando. Te lo digo Beatriz para que lo entienda Teresa.

Y hasta aquí la nota aguda de mi colega.

Me volví afecta a los horóscopos en aquella época. Muchas predicciones sobre el signo de Acuario resultaban certeras: me adelantaban lo que iba a pasar o lo que estaba sucediendo. Lo constaté luego de leer en el periódico *La Prensa* del día 28 de enero de 1995:

> Los obstáculos son grandes y difíciles, sólo un esfuerzo decidido, enérgico y organizado te dará el triunfo. No es que vayas a sufrir un descalabro serio, ni que esté asegurada la derrota, pero vas a tener que esforzarte mucho para salir adelante.

¡Cielos! Esto unos días antes de que el juez de lo civil diera a conocer la sentencia.

Una sentencia que apelaríamos en el Tribunal Superior de Justicia los demandados y los demandantes, quedando el expediente para una nueva revisión en manos de los magistrados de la Séptima Sala, únicos para ratificar, modificar o revocar el fallo del juez Cruz que, en honor a la verdad, con esa resolución «salomónica» únicamente había provocado el descontento de todos.

Escribió la periodista Magdalena Sánchez Reza:

> Empate a un gol entre Luis Miguel, Edamex y Claudia de Icaza. El cantante perdió la demanda por daño moral que entabló en contra de ellos, pero logró que el juez retirara de la venta el libro citado y que le dieran al artista el 40% de cada ejemplar vendido. Como quien dice Luis Miguel enseñó el cobre y ya reconoció que la demanda fue más por dinero que por cualquier otra cosa. ¡El colmo!

Una sentencia dividida echada para atrás en cuanto fue revisada en la Suprema Corte de Justicia, de donde saldría más adelante la resolución definitiva e inapelable. Un triunfo difícil de alcanzar, pero no imposible. El buen periodismo en México, crítico y pensante, analítico y combativo significaba un gran cobijo para mí y para los editores de Edamex. El apoyo incondicional de la Cámara de la Industria Editorial y la Sociedad General de Escritores de México (SOGEM) era un gran sostén en esta lucha en que estaba de por medio la Libertad de Expresión. Y no está de más decir, muy a pesar de todo lo que nuestros detractores intentaron hacer para desprestigiarnos durante esa angustiante espera por la sentencia final...

Todo aquello era una guerra sin tregua, ya estábamos preparados para cualquier ataque del enemigo, en su afán por ser implacables. Pretendieron pasar por falsas las firmas que Octavio Colmenares había reunido y había presentado en la corte: Trillas, Jus, Diana, una aseveración muy seria que conmocionó a los medios periodísticos, por ende, al público, por lo que se convocó a una rueda de prensa urgente en las instalaciones de la Cámara de la Industria Editorial para tirarle el teatrito al «creativo» autor de esa idea. Aprovechar, incluso, para aclarar otros «milagritos» que nos achacaban. Yo tranquila, aquello ya no era capaz de espantarme, ni quitarme el sueño.

Media hora antes de dar inicio la rueda de prensa, la sala se encontraba a su máxima capacidad: medios de prensa escrita, radio y televisión, buscando afanosamente la manera de llegar a quien pudiera ofrecerles un «extra» para su nota. Adriana Garay, Rosario Murrieta, Gustavo Adolfo Infante —siempre presente y solidario con la causa que nos ocupaba—, Guillermo Wilkins, reporteros de *La Jornada, Proceso*, enfocando sus cámaras y grabadoras hacía la mesa principal donde ya se encontraba Julio Sanz, —presidente de la Cámara de la Industria Editorial Mexicana—, Francisco Campos de editorial Zeta, Ramón Obón —director jurídico de la SOGEM—, así como Octavio y Manuel Colmenares quien abrió con esta cita de Voltaire: «No estoy de acuerdo con lo que usted dice, pero defenderé hasta con la vida su derecho a decirlo».

Frase que hubiera rebatido la defensa del cantante de haber sido requerida su «grata» presencia. Y ni falta hizo, alguien nos alertó de que habían enviado a un espía que se coló entre los asistentes, pero nunca reparé en eso, toda mi atención estaba dirigida al libro escrito por Octavio: Atentado contra la libertad de expresión, que no solo estaba siendo regalado a los periodistas y comunicadores presentes, iba encaminado a que lo obtuvieran de forma gratuita, escuelas de periodismo y universidades.

Nada fácil resultó responder a todo tipo de cuestionamientos, incisivos en su mayoría, lanzados con base en especulaciones, rumores o acusaciones falsas de nuestro proceder ideado por esas cabecitas maquiavélicas. De ahí el tema principal a tocar sobre las firmas apócrifas, siendo el director editorial de Jus el primero en tomar la palabra: «Me encuentro aquí —dijo a manera de presentación— para aclarar lo de mi firma supuestamente falsa, no hay tal. Vine a brindar mi apoyo a Edamex».

Acto seguido, un reportero me preguntó directamente «¿Es verdad que ustedes se negaron a una conciliación con Luis Miguel antes de que el juicio tomara su curso?». «¡No es verdad!» —respondí molesta— nunca nos llegó un aviso de esa audiencia, los abogados del cantante dicen, aseguran, que no necesitábamos de esa notificación, yo insisto, hasta para quedar con un amigo haces una cita, te hablas por teléfono, te envías mensaje, con más razón si se trata de una cuestión legal. Otra reportera preguntó a don Octavio «¿Qué repercusión tendría para la Industria Editorial si Luis Miguel gana el juicio?».

«Que desencadenaría una serie de demandas en contra de todo aquel que escriba o publique cosas sobre terceras personas. ¿Quién podría esgrimir que al leer tales textos se sintieran tristes o deprimidos?» —cuestionó a los presentes provocando las carcajadas. Y de nuevo contra mí, una colega muy altiva me cuestionó «¿Te parece válido lucrar con el libro y defender la libertad de expresión?». Debo admitir que la palabra «lucrar» desde la salida de mi libro ya era una constante en mi vida, tal y como si yo hubiese sido la primera en publicar un libro de esas características y la primera en recibir dinero vendiendo estos contenidos.

Mi trabajo era lícito. Sujeto a las limitaciones y garantías constitucionales. ¿De qué me estaba hablando esta fulana? La oportuna intervención de Ramón Obón y del catedrático Juan Miguel de Mora —escritor, periodista e investigador de la UNAM—, evitó que le respondiera muy molesta a mi inquisidora.

«No se debe caer en las trampas absurdas que están esgrimiendo los abogados del cantante —señaló de Mora— eso de que uno está lucrando con el nombre de alguien porque con el libro se gana dinero, es de lo más ridículo ¿Y si uno se juega la vida o el prestigio o el futuro en ese libro? A mí me parece que es exorbitante la indemnización que ellos exigen».

Y continúa: «La libertad de expresión es un principio absoluto y esta no se puede aplicar en unos casos sí y en otro no, y quiero que quede claro —puntualizó— porque esto puede ser una trampa, Montesquieu, uno de los padres del Derecho, enunció un principio universal en que muchas leyes han basado sus preceptos, entre ellos, las leyes mexicanas. Montesquieu dijo que *la igualdad de la ley consiste en tratar de forma igual a seres desiguales*. ¿Qué tiene que ver esto con el concepto de la vida privada de Luis Miguel involucrada en este caso? Pues que la vida privada de Luis Miguel no es la vida privada de cualquier ciudadano, los artistas escogen por voluntad propia, sin que nadie los obligue, no tener vida privada».

Y muda quedó la reportera, quien seguramente no estaba enterada de las declaraciones hechas por el cantante en una entrevista publicada en *Fama* (mes de julio de 1994), ya con demanda entablada y donde aseguró: «No, no me molesta que hablen de mi vida, como artista, estoy consciente de que no puedes tener privacidad aunque uno quiera. Es el precio que se paga». Prueba documental que presentamos durante el juicio.

La opinión de Ramón Obón, al frente del Jurídico de la SOGEM resultó tajante y categórica: «Se equivocan y mucho los abogados del cantante, cuando alegan que Luis Miguel es una marca registrada. Tanto Claudia como Edamex, no están sacando al mercado productos con su nombre. Es un libro en el cual se está hablando de una persona viva, de una persona famosa. Reitero mi apoyo a Edamex y a Claudia, miembro de la sociedad que represento. Yo solo espero que haya justicia en este país, si nuestras garantías no son letra muerta, el fallo debe ser a favor de la editorial y de Claudia».

Ahí ya no se estaba discutiendo sobre el contenido del libro, el afán de lucro, todo apuntaba al nefasto precedente que marcaría un antes y después en nuestro quehacer periodístico y nuestro derecho a publicar, y si los defensores del cantante, con lana y con muchas mañas se salían con la suya. La pregunta de un reportero provocó un silencio sepulcral: «Todos sabemos que Luis Miguel hizo una presentación gratuita como apoyo a la campaña presidencial de Carlos Salinas de Gortari ¿será que ahora toca que le devuelva el favor?».

Me mordí los labios para no responder algo que me ponía en un riesgo mayor, por lo que mantuve la calma y esperé a que otra persona contestara con prudencia, siendo Octavio Colmenares, quien diría ecuánime: «Eso tendrías que preguntárselo a los interesados, no a nosotros...». Y de hecho no hubo un valiente que buscara atizar ese fuego. Se anunció el fin de la rueda de prensa más larga, interesante y polémica a la que he asistido en mi vida. Y si tuviera que calificarla, yo le pondría un diez de calificación, fue todo un éxito y un triunfo muy personal para nosotros, sí, después de haber sido objeto de calumnias, habíamos logrado demostrar nuestra verticalidad.

Gracias a Ramón Obón, al catedrático Miguel de Mora, a los representantes de los medios quienes a través de su trabajo periodístico nos llevaron a la reflexión y a profundizar sobre el tema de la libertad de expresión. Vital, tremendamente vital en un país como el nuestro, donde los riesgos que conlleva dedicarse a una profesión como esta que no debería topar con la fuerza del poder y el dinero.

Gracias al Sr José María Fernández Unsain —presidente de la SOGEM en aquella época— por contribuir para ver cristalizado nuestro triunfo indiscutible, no por nosotros, sino por todos los que escriben y ejercen esta profesión sin miedo.

José María Fernández Unsain fue de gran respaldo para mí, en entrevista con el periodista Jorge Ontiveros, habló y habló fuerte sobre este asunto, calificando la demanda como ridícula:

> La libertad de expresión es un principio sustantivo, de ahí que no me merezca mayor crédito la posibilidad de que prospere la demanda, en virtud de que, este concepto se encuentra sustentado en las leyes que nos rigen.

Y se pronunció sobre el texto de mi libro:

> No sabemos qué fin tiene esta denuncia y cómo es que el tratamiento afectuoso a un hombre público tiene como consecuencia un ataque a la libertad de expresión ¡No tiene sentido!

Veredicto y fin de la demanda

Finalmente en marzo de 1997 el veredicto de la Suprema Corte de Justicia de la Nación dictó sentencia a nuestro favor. Tres años y fracción nos llevó poder salir exonerados y limpios de todos los cargos, por escribir y publicar un libro «mentiroso», tan mentiroso entonces como la historia que vemos en la serie sobre la vida del cantante. Un libro que serviría de «inspiración» para que otro más vivo que yo, interesado en entrevistarme conociera en todo su contexto al personaje seductor del escenario. Temas que yo dominaba, pero que no me había atrevido a revelar en *El gran solitario* por consideración al ídolo de multitudes, fue lo que él obtuvo de mí. ¿Y todo para qué? Aquella entrevista sería el sustento de situaciones que dicho colega aprovechó para ponerle más condimento a ese libro que escribiría posteriormente sobre Luis Miguel y que el cantante tomó como «base» para partir de ahí y reseñar su vida en la serie fortalecida con sus propios testimonios.

Me sorprendió que aceptara abordar su acercamiento con las drogas, y aún sin pudor, señalar directamente a quien lo había iniciado, Luis Rey, su padre y a muy temprana edad. Algo que yo no toqué, que no incluí en mi texto, cuando ya tenía conocimiento de ello.

La truculenta existencia de Luis Miguel en aquella época era como para escribir una trama fuerte, rara, muy contradictoria si se refiere a su comportamiento; por un lado podía ir disfrazado a un zoológico para intentar divertirse en soledad, por otro amaba estar con las mujeres pero también era capaz de dejar a la más bella sentada en la puerta de su habitación ansiosa por lograr sus favores sexuales... o permitir a sus guaruras alejar a una fan latosa picándola con alfileres.

Yo sí dudo que el Luis Miguel del año 1994 leyera un libro y menos *El gran solitario*. Y lo dudo, porque de haberlo hecho no me avienta a sus sabuesos por narrar esa vida cual cuento de niños. Nadie, salvo yo, he revelado lo estrictamente necesario y verdadero, buscando poner en contexto el sacrificio como ser humano al que se vio sometido por su padre, para encumbrar a ese personaje seductor del escenario. ¿Será que este punto es el objetivo que persigue su serie? ¡Cuánto lo siento, yo fui primera en advertirlo a sus fans! Y me mantengo, Luis Miguel sigue siendo «el gran solitario»... 24 años después.

GENTE:
Procede demanda de Luis Miguel
Mucho escándalo para un libro, ¿no?
Demanda Luis Miguel
POR DLS. 7 MILLONES
SECCION D
REFORMA
Miércoles 18 de enero de
Rechaza De Icaza pedir perdón
Procede la demanda penal de Luis Miguel
Apela la resolución la defensora de la periodista
EXCELSIOR
EL PERIODICO DE LA VIDA NACIONAL
SECCION DE ESPECTACULOS
EXCELSIOR Jueves 27 de Marzo de 1997
La Suprema Corte de Justicia de la Nación Dictó Sentencia a Favor de EDAMEX y la Escritora Claudia de Icaza
★ El Cantante Luis Miguel Entabló Juicio en Contra de esa Editora y de la Autora del Libro "El Gran Solitario"
Atentado a la Libertad de Expresión ha Sufrido la Escritora Claudia de Icaza, Autora de Biografías
José María Fernández Unsaín, Presidente de Sogem, Duda que Prospere el Juicio Contra Claudia de Icaza por "El Gran Solitario"
Escritores de México:
DEMANDA RIDICULA LA DE LUIS MIGUEL
'Proclaman' inocencia de Luis Miguel
ovaciones
Presenta pruebas Luis Miguel

Edición Nacional

Año 43 Nº 2197 ☆ Del Sábado 17 al Viernes 23 de Septiembre de 1994.

EL GRAN SOLITARIO demanda a

Luis Miguel sorpresivamente para el primer

"Luis Miguel fue bastante considerado conmigo": Claudia de Icaza

LAS PRIMERAS PALABRAS DE CLAUDIA

"No esperaba que Luis Miguel se

francamente me dio mucho gusto

LUIS MIGUEL LLEGÓ POR SORPRESA AL TRIBUNAL...

TELE GUIA

Claudia de Icaza...

apareció en el tribunal, careo con Icaza...

Las pruebas presentadas ante los tribunales no se han expuesto a la prensa, pero ambas partes aseguran que tienen grandes posibilidades de ganar el caso...

DE ICAZA AL SALIR DE LA AUDIENCIA

presentara a la audiencia, pero el encuentro": CLAUDIA DE ICAZA

Va Luis Miguel al Juzgado 21

Claudia de Icaza

LA PERIODISTA QUE HUMILLÓ Y DERROTÓ A LUIS MIGUEL

"LA JUSTICIA [...] DIO LA RAZÓN"

Fama

EL MUNDO DE LAS ESTR[...]

Atentado a la Libertad de Expresión ha Sufrido la Escritora Claudia de Icaza, Autora de Biografías

proceso

PARTE II
El gran solitario, la reedición

Del texto *El gran solitario* editado en 1994, apenas y se asomaba la punta del iceberg. Pocas revelaciones pero certeras: su primera relación sexual con una prostituta, lo que se rumoraba existía entre Marcela y Durazo, el enfrentamiento y ruptura de Luis Miguel con su padre, el lazo consanguíneo que lo unía a Michelle Salas, lo importante que fue para él su relación con Mariana Yazbek. La dominación e injerencia del padre en las decisiones más importantes de su vida. Juzgue usted, así fue como pinté en aquella ocasión al ídolo de multitudes que sigue jugando sin que nadie intente rescatarlo. Sensible, sí, muy talentoso, pero igual o más dañado.

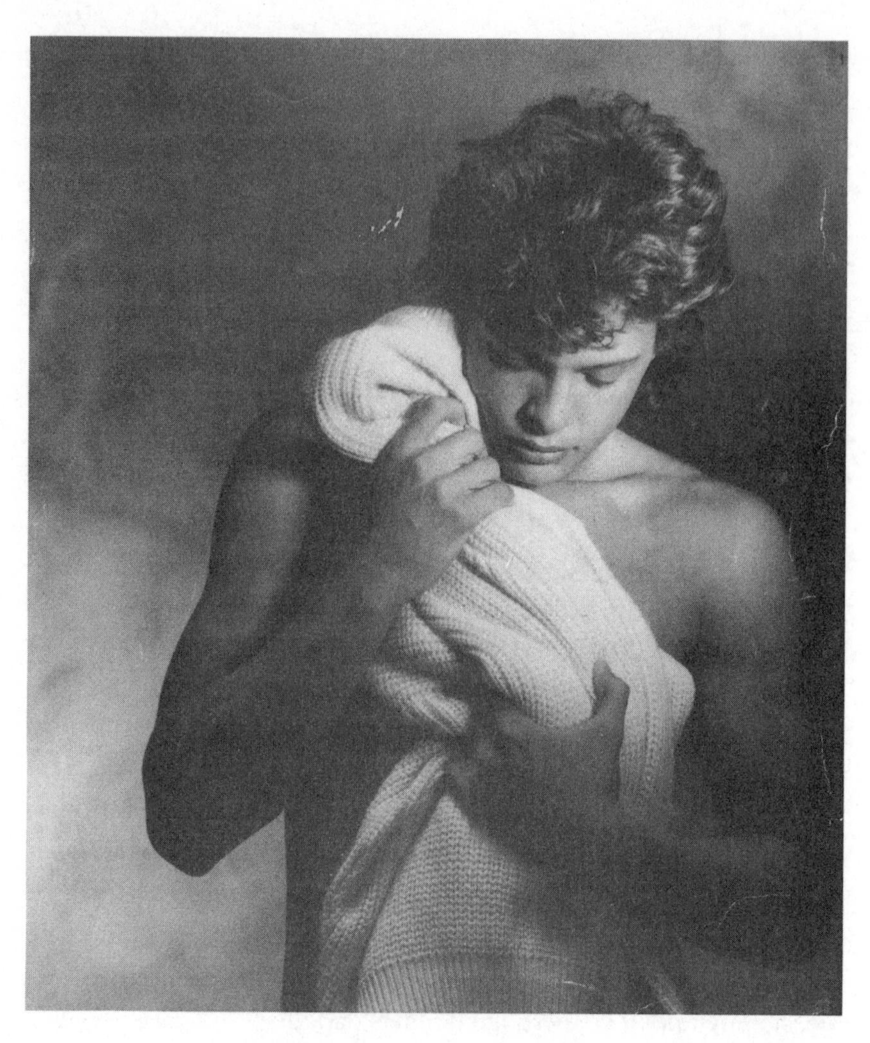

Un artista que provoca taquicardia.

La expropiación de un ídolo

«Luis Miguel no es mexicano, nació en Puerto Rico» —llegó desde la isla del Caribe esta noticia, avalada con documentos y fotografías por la revista *VEA*. Ese día, ni el alto nivel de contaminación registrado en diferentes puntos de nuestra ciudad, ni cualquier otra nota de trascendencia mundial, impactaron tanto como este suceso. Nos sentimos «devaluados», como si la cotización del talento artístico mexicano sufriera una terrible baja.

Y no exagero en mis deducciones, somos un pueblo apasionado por estas cuestiones, sí repercutió en nuestro ánimo saber que esta era una de las pocas verdades vertidas acerca del cantante, quien por razones de índole personal o profesional, no salió de inmediato en defensa de su nacionalidad, convirtiéndose en la comidilla en cafés, restaurantes, oficinas y bares, dando pie a los más suculentos comentarios: «¿Sabías que Luis Miguel le pidió al presidente que le diera la nacionalidad mexicana?». Otros, más enterados: «Él siempre ha viajado con pasaporte gringo. Durazo ayudó a su papá con los papeles». «Sí, nació en Nueva York, su abuelo materno es un hombre muy poderoso allá». Bla, bla, bla, todo el mundo opinando y él callado, fue hasta el mes de junio de 1993, cuando el artista accedió a tocar el tema con Dora Pizzi Campos en exclusiva para la revista *VEA*... «A mí más que a nadie, me sorprendió la noticia. Es más, en un principio creí que era otro de los tantos rumores acerca de mi vida —señaló tajante—, me pareció absurdo y chocante».

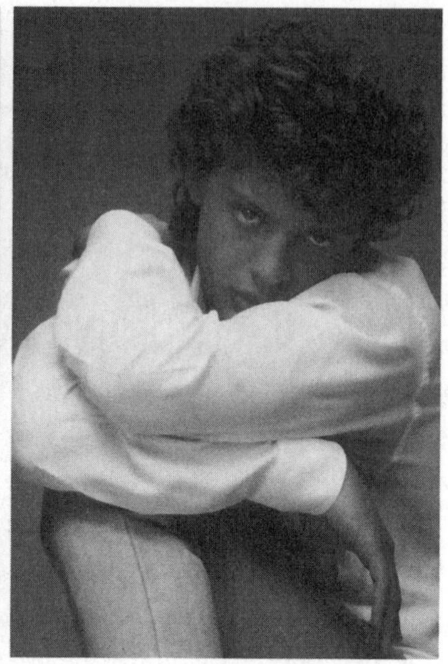

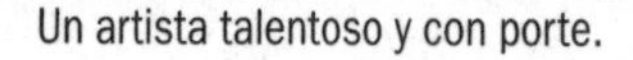

Un artista talentoso y con porte.

Portada de su L.P. *Luis Miguel* 87.
Un fenómeno en ventas.

Y bueno, uno se pregunta: ¿era tan extraña su familia, como para que esto no se ventilara entre los que la conformaban? ¿Nunca tuvo acceso a su acta de nacimiento...? Vamos, ¿qué interés tuvo su padre para que se manejara con la nacionalidad mexicana y negara la verdadera? Con mucho tino, la aguda reportera insistió: «¿No lo sabías o pretendías ignorarlo?». Con mezcla de enojo y melancolía Luis Miguel enfatizó sus palabras: «No lo sabía, mi padre era una persona que manejaba sus cosas a su manera... no lo culpo».

Luego, como era obvio, finalizó diciendo que esto tenía un impacto positivo, pues Puerto Rico siempre lo había recibido con los brazos abiertos. No obstante, «continuaría siendo mexicano».

La música es universal, no tiene fronteras y el talento nos hace iguales: la nacionalidad no es lo importante. ¡Luis Miguel es ciudadano del mundo musical, y punto...! ¿Despojados? ¿Duele...? Entonces finjamos amnesia y continuemos pensando que el artista vio su primera luz en el Puerto de Veracruz un hermoso 19 de abril de 1970 protegido por el signo de Aries...

La versión de su origen jarocho, queda bajo la autoría del español Luis Rey, padre del artista, y cantante exitoso en la década de los setentas. Contaba él, que al realizar una extensa gira por diferentes países de América, a la que lo acompañaba su esposa Marcela Basteri, italiana, con ocho meses de embarazo, había tenido parto prematuro justo en el Puerto de Veracruz, dando como resultado que su primogénito Luis Miguel fuera oriundo de esa cálida tierra. «Una decisión muy sabia de la naturaleza. México es un país al que quiero entrañablemente».

Confesión que nos llenó de orgullo, hasta que se dio a conocer la fotografía familiar tomada en un hospital de Puerto Rico, donde él y Marcela posaban sonrientes, horas después del nacimiento de su hijo. Un golpe bajo a nuestra autoestima. Sin embargo, su cariño por México siempre fue auténtico. Sembró en Luis Miguel el apego a nuestras raíces, más que suficiente. Podrá ser de ascendencia europea, pero es ¡jarocho de corazón!

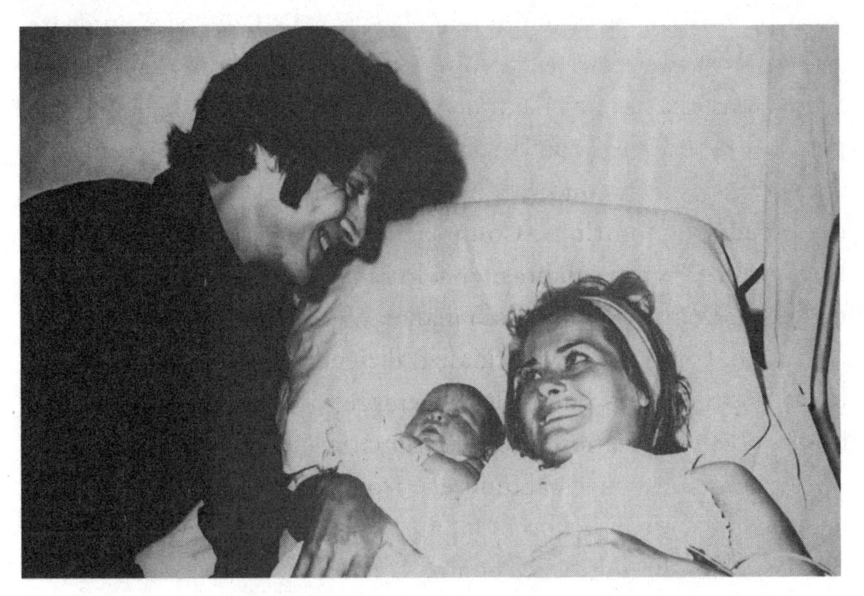

Luis Rey, Marcela y Luis Miguel el día de su nacimiento en un hospital de Puerto Rico.

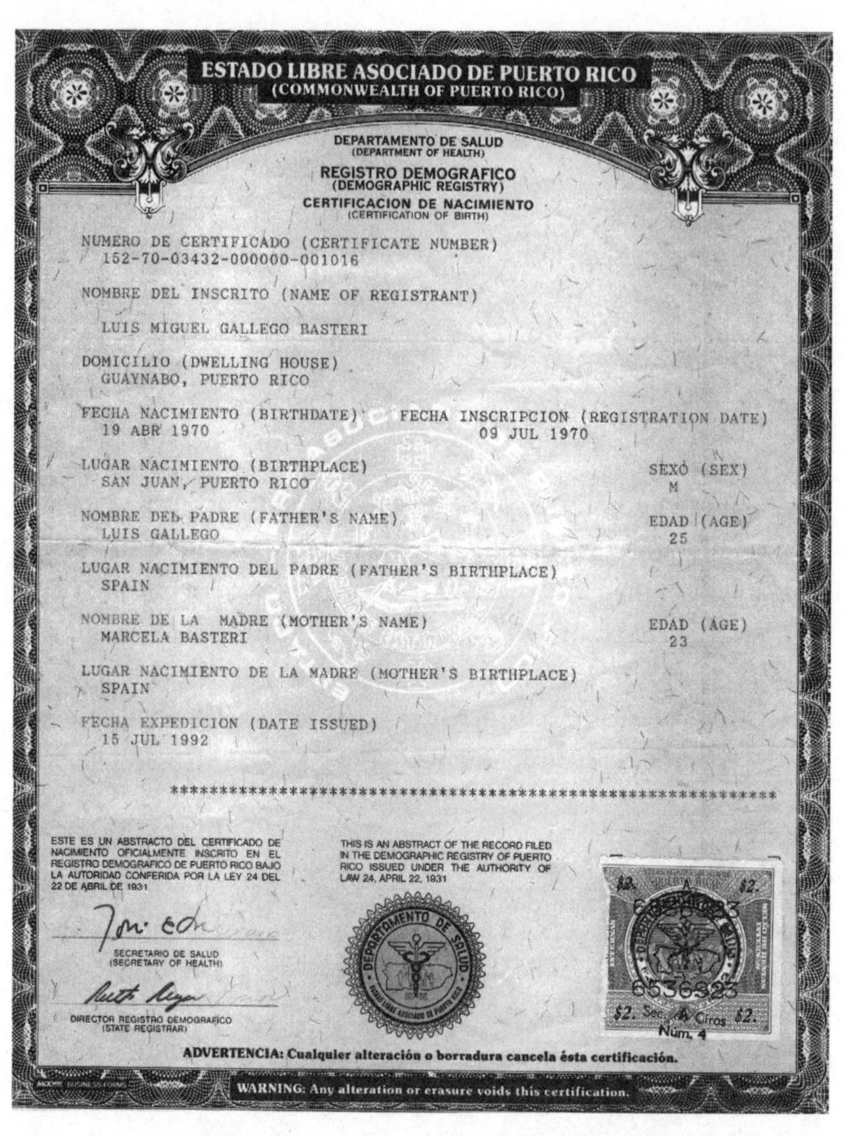

ESTADO LIBRE ASOCIADO DE PUERTO RICO
(COMMONWEALTH OF PUERTO RICO)

DEPARTAMENTO DE SALUD
(DEPARTMENT OF HEALTH)
REGISTRO DEMOGRAFICO
(DEMOGRAPHIC REGISTRY)
CERTIFICACION DE NACIMIENTO
(CERTIFICATION OF BIRTH)

NUMERO DE CERTIFICADO (CERTIFICATE NUMBER)
152-70-03432-000000-001016

NOMBRE DEL INSCRITO (NAME OF REGISTRANT)
LUIS MIGUEL GALLEGO BASTERI

DOMICILIO (DWELLING HOUSE)
GUAYNABO, PUERTO RICO

FECHA NACIMIENTO (BIRTHDATE) 19 ABR 1970 — FECHA INSCRIPCION (REGISTRATION DATE) 09 JUL 1970

LUGAR NACIMIENTO (BIRTHPLACE) SAN JUAN, PUERTO RICO — SEXO (SEX) M

NOMBRE DEL PADRE (FATHER'S NAME) LUIS GALLEGO — EDAD (AGE) 25

LUGAR NACIMIENTO DEL PADRE (FATHER'S BIRTHPLACE)
SPAIN

NOMBRE DE LA MADRE (MOTHER'S NAME) MARCELA BASTERI — EDAD (AGE) 23

LUGAR NACIMIENTO DE LA MADRE (MOTHER'S BIRTHPLACE)
SPAIN

FECHA EXPEDICION (DATE ISSUED)
15 JUL 1992

****

ESTE ES UN ABSTRACTO DEL CERTIFICADO DE NACIMIENTO OFICIALMENTE INSCRITO EN EL REGISTRO DEMOGRAFICO DE PUERTO RICO BAJO LA AUTORIDAD CONFERIDA POR LA LEY 24 DEL 22 DE ABRIL DE 1931

THIS IS AN ABSTRACT OF THE RECORD FILED IN THE DEMOGRAPHIC REGISTRY OF PUERTO RICO ISSUED UNDER THE AUTHORITY OF LAW 24, APRIL 22, 1931

SECRETARIO DE SALUD
(SECRETARY OF HEALTH)

DIRECTOR REGISTRO DEMOGRAFICO
(STATE REGISTRAR)

DEPARTAMENTO DE SALUD

$2. A 6536923 $2. Núm. 4

ADVERTENCIA: Cualquier alteración o borradura cancela ésta certificación.

WARNING: Any alteration or erasure voids this certification.

Documento oficial que avala de dónde es originario el cantante.

Acta de Nacimiento publicada en la revista VEA de Puerto Rico.

Nació con alma de artista

Dicen que lo que no se hereda, se hurta, y Luis Miguel, en este aspecto, se sirvió con la cuchara grande. Nació con alma de artista y sería un error negar la influencia vocacional de su padre. Luis Rey se inició como cantante siendo apenas un niño, mostrando un talento excepcional. Los que lo conocieron aseguran que era un magnífico compositor. Así que la misma historia se repetiría en su hijo, desde luego, con mayores atributos.

La magia de la bohemia lo envolvió desde sus primeros años. A partir de esas fiestas hogareñas de copa y guitarra donde solían acudir amigos de su padre como el *Negro Durazo* y Rodolfo de Anda, entre muchos otros. Un ambiente, supongo donde no podía caber la presencia de un chiquillo como Luis Miguel, niño tierno y juguetón que tras filtrarse como un fantasma por la estancia, iba absorbiendo cual esponjita, todo lo que ese panorama le presentaba. Siempre observando con una actitud crítica, cuando en realidad no podía evitar sentirse seducido. Evidentemente, la música lo subyugaba.

Más de 50 personas trabajan para él, es toda una industria.

Luis Miguel en uno de sus shows.

No obstante, los recuerdos más agradables de su breve infancia, son los que surgen de su otra faceta: la del niño dientón y despreocupado, que dedicaba la mayor parte de su tiempo a sus mascotas y al club «Los Vampiros», formado por un grupo de amigos que, curiosamente, acabarían trabajando en el mismo medio artístico sin lograr destacar demasiado. Me refiero a Roberto Palazuelos, actualmente actor y hombre «místico»; a Héctor Suárez Jr., malogrado cantante, por lo que se inclinó a la actuación, y completando la lista, a los hijos de Andrés García, más conocidos por heredar el atractivo físico de su padre que por méritos propios.

Cuenta Palazuelos que este grupito llegó a ser el azote de los vecinos de San jerónimo, colonia de gente adinerada donde vino a vivir la familia de Luis Miguel —supuestamente después de residir en Veracruz. Armados todos con sendas resorteras se dedicaban a romper vidrios y a lanzar huevos contra las elegantes paredes de las residencias, travesuras que cualquier niño a esa edad disfruta a sus anchas, ¿cierto?

El hecho es que dichos diablitos también sabían portarse bastante bien, como cuando escalaban el cerro que quedaba frente a su casa, donde solían acampar, entretenidos volando papalotes o dándose un «entre» de patadas mientras jugaban fútbol. La vida de Luis Miguel no le prometía nada excepcional y, sin embargo, era feliz. Imposible suponer, hasta entonces, que de este club «Vampiros» saliera a la luz un artista de talla internacional, y menos que se tratara de Luis Miguel, quien se caracterizaba entre ellos por ser el más introvertido. De espaldas se irían sus compañeros de juegos al escucharlo cantar por primera vez en «Siempre en Domingo», apadrinado por Raúl Velasco...

En una de sus presentaciones en el programa «Siempre en Domingo».

Un artista auténtico

Pena da decirlo, pero seríamos unos borregos si no admitiéramos que en nuestro medio artístico, lo que más prolifera es la clase denominada «estrellita marinera». Artistas fabricados al gusto de «hacedores» que creen llenar con su producto una necesidad del mercado. Carentes de talento, pero con una imagen preciosa que llena toda la pantalla del Canal de las Estrellas. Sin voz, pero, vamos ¿qué más da si el avance de la tecnología los ampara con el dichoso *playback*, grabado con anterioridad en un estudio donde hacen maravillas? Nacen entonces: «Los Garibaldos», los «Coco Levys», las «Puticosas» y tantos y tantos, que de mencionarlos no acabaría.

Luis Miguel se cocina aparte. Es un cantante auténtico que nació con alma y garganta de artista. Todo un diamante que sólo esperaba ser descubierto y pulido, siendo su madre la primera en detectar su talento, aunque el mérito total lo debe llevar su padre por encumbrarlo como ídolo.

Este título no empezó a gestarse, como dicen por ahí, cuando los grandes ejecutivos de una disquera lo escucharon cantar en una fiesta. Sus verdaderos inicios surgieron de una intuición paternal, de una idea preconcebida que se mezclaba entre sus juegos de niño, sus travesuras con «Los Vampiros» y la tarea obligatoria de observar, una que otra tarde, los videos que Luis Rey le ponía de Elvis Presley, como parte de una estrategia bien diseñada. Su padre buscaba, por así decirlo, motivar los sentidos y la sensibilidad musical que había detectado en su hijo. Era una manera de entrenamiento, y aunque a Luis Miguel no le disgustaba, tampoco podía pedir «recreo». En ese aspecto Rey fue tremendamente estricto y disciplinado. Se le iban las horas en comentar sobre el estilo y los movimientos del cantante de rock, quien, entre líneas, se entendía, debía ser su modelo.

Luego vendría la parte vocal. Sus primeras lecciones fueron con base en canciones flamencas, algunas de la inspiración de Luis Rey. De hecho, con esto se dio a conocer, ahora sí, en una reunión donde los principales ejecutivos de EMI Capitol escucharon cantar a Luis Miguel por primera vez. «El chico promete» —mencionaron entusiasmados ante su magnífica voz. Sin embargo, Jaime Ruíz Pino, padrino de Luis Miguel e importante ejecutivo de esa empresa, se negó a grabarlo: «Los niños no venden» —fue su argumento—. Cuando en realidad ya existía el proyecto «Menudo», siendo todo un suceso. De la misma manera se equivocó con la greñuda Amanda Miguel. No quiso darle un voto de confianza a una voz que tendría éxito... ¡Criterios!

Lo cierto es que si Luis Rey se hubiera desmoralizado con dicho comentario, seguramente no estaríamos hablando de Luis Miguel, un talento que por ningún motivo podía ser desaprovechado. Así lo entendió su padre, quien incluso dejó su carrera de cantante, no tan brillante ya en esa época, para dedicarse por entero a la de su hijo.

La historia musical de Luis Miguel empieza con el nombre de un productor que creyó en él desde que lo escuchó: Enrique Okamura. El mismo que diera su primera oportunidad a Juan Gabriel y lo lanzara como canta-autor, logrando convertirlo en un fenómeno. En Luis Miguel detectó de inmediato que tenía ante él a un artista con carisma y talento excepcional, de tal manera, que su trabajo tenía un grado más de dificultad. Su preocupación radicaba en el tipo de canciones que debía grabar, con ese muchachito que alcanzaba notas altísimas de forma extraordinaria. Todo consistía en que coincidieran con su graciosa y precoz personalidad.

De niño adoraba a sus mascotas.

Él sonreía porque la vida lo hacía con él.

Aún no se imaginaba su brillante futuro profesional.

Era la época en que el concepto italiano de «Richie and Poveri» estaba pegando fuerte en México, por lo que al momento de iniciar el proyecto se buscó un sonido parecido, siendo los compositores Xavier Santos y Rubén Amado los elegidos para realizar el material discográfico. Su arreglista sería Peque Rossino.

Cuenta Peque, argentino enorme en tamaño y corazón, que a Luis Miguel lo que más le llamaba la atención de todo ese tinglado, era la consola y que prácticamente con esto se olvidaba de su faceta de niño inquieto para tomar muy en serio su papel de productor con gran profesionalismo. Se sentía tan importante sentado en la silla dando órdenes, que un día en que su papá se encontraba grabando a dúo con la cantante Ariadna, en una de las frases donde Luis Rey debía decir: «Y es que te quiero», invariablemente, le salía un «Te queiro», por lo que Luis Miguel, apretando el botón que lo comunicaba a la cabina de grabación, hacía reír a los presentes, cayendo él mismo en la equivocación, al decir inocente: «Me está matando el ruido de ese pandeiro».

Sin embargo, este profesionalismo del que hablo y que demostró de una manera asombrosa, fue al grabar *Recuerdos encadenados,* un tema que el arreglista Peque Rossino grabó sin darse cuenta tres semitonos arriba de lo que supuestamente alcanzaba la voz de Luis Miguel, quien de forma espontánea le dijo: «Déjeme ver si puedo alcanzarla». Cabe mencionar, que no sólo lo consiguió, en mi opinión es una de las canciones mejor interpretadas en la historia musical del artista.

Xavier Dino Santos, creador de esta canción y de la de *Uno más uno, igual a dos enamorados*, me contó en una entrevista realizada en Los Ángeles cómo logró desbancar al propio Juan Gabriel, quien también había ofrecido un tema para Luis Miguel, mismo que estaba destinado a promoción como punto de lanzamiento en su carrera y de pronto se quedó rezagado...

«Cuando esto sucedió, Juan Gabriel ya era una gran figura. Todo lo que hacía era un cheque al portador. Por lo mismo, en la compañía tenían contemplado que su tema *Cuando llueve* sería con el que Luis Miguel se daría a conocer.

El caso es que, entre promotores, vendedores y directores artísticos, había cierta duda. No estaban seguros de que fuera idónea. Entonces se les ocurrió invitar a la sala de juntas a un grupo de colegialas de la colonia Anzures, regalándoles galletas y coca colas, con el fin de que escucharan las dos canciones y con base en su reacción, se definiera siendo elegida la mía.

Para mí no fue tan gratificante esto, como el hecho de que Luis Miguel cantara algo mío. Él es un elegido, lo sé, sólo es comparable con Elvis Presley —y confesó emocionado, con ese inconfundible tonito argentino: Cuando lo escuché por primera vez, con mi canción en «Siempre en Domingo», sentí un nudo en la garganta, se me puso la carne de gallina. Mira Claudia, a mí me han grabado muchos artistas, pero él siempre será muy especial para mí. Y bueno, el disco, tú lo sabes, fue todo un éxito. Vendió como loco, fue una explosión.

Incluso —continuó hablando con gran entusiasmo —en España, Pedro Marín hizo un cover con esta canción, además de ser grabada en diferentes idiomas, hasta en japonés. Luego vino el proyecto de su segundo LP que incluía: *Si ves a mi chica dile que la amo, El rock de la niña cruel y Recuerdos encadenados*. Puede decirse, que fue un ramillete de temas hechos exclusivamente para Luis Miguel. Recuerdo —prosiguió— que entre estos, estaba *Directo al corazón*, la que en un principio no convenció a Okamura, por lo que me fui a CBS y le dije a Enrique Velázquez: Mira, esta canción no la van a grabar en EMI, así que puedes usarla. Creo que acabaron dándosela a un grupo de chicas tipo «Pandora» que se llamaban «Las Tres y Punto».

Lo curioso —explicó —es que en EMI Capitol dieron marcha atrás. Finalmente les interesó el tema, y como éste estaba registrado en su editora, decidieron que la grabara Luis Miguel. El resultado ya lo conoces, a los quince días ya era todo un éxito en la radio. Lo mismo sucedió con *Recuerdos encadenados* que también conoces la anécdota del error de los tres semitonos arriba; el chico decidió grabarla y dejó a todos helados cuando alcanzó esas notas con toda naturalidad. Luis Miguel hace lo que quiere con su voz. Él es el éxito, no las canciones».

Luis Miguel en 1989...

La presentación que hizo de su disco *Uno más uno dos enamorados* en un programa de radio en la XEW, fue una locura. Puede decirse que un día después de ser lanzado, el chico ya era ídolo. La gente se arremolinó en las afueras del lugar en espera de que saliera, por lo que estuvo a punto de ser arrollado, siendo Rosy Esquivel, encargada de prensa, quien lo cargó pensando en que podían lastimarlo. No lo hubiera hecho, Luis Miguel se fue contra ella mientras le gritaba: «Bájame, te digo. Bájame tonta, ¡te digo que me bajes!». Le causaba emoción ver la reacción del público. No obstante, Rosy no lo soltó hasta lograr sacarlo tapado con una gabardina, huyendo en un taxi.

Nacía entonces un cantante con espíritu de artista, entregado antes que nada al arte y a su público, todo un profesional que entendía los sacrificios de esta carrera. Y es que por lo general, un niño a esa edad, está conectado con otras cosas, con intereses muy lejanos a este medio tan difícil, sobre todo si se ha llegado al mismo en plena infancia. Muchos han surgido, pero muy diferente ha sido su actitud. Un caso muy claro, y lo comento sin intención de herir susceptibilidades, fue el inicio de Eduardo Capetillo.

Él se dio a conocer en el festival «Juguemos a Cantar», precisamente con un tema de Xavier Dino Santos, contando con unos años más que los que tenía Luis Miguel cuando lo lanzaron... Pues déjenme decirles, que para grabar a Capetillo, el consternado compositor tenía que ir a buscarlo a la salida de su colegio, para llevarlo de la mano al estudio de grabación, al que iba acompañado por un grupo de amiguitos, pues si no, no iba. Santos lo definió así: «Grabar a Capetillo en ese festival fue una experiencia bonita, pero un poco complicada... Lo cierto es que con Luis Miguel fue muy diferente, siendo un chiquillo se comportaba como todo un profesional.

Luis Miguel era un niño muy tranquilo y alegre. A mí me buscaba mucho y me ofrecía de sus caramelos. Ya era un artista de éxito cuando me acompañó y compartió una hora conmigo en un programa de radio, dedicado al compositor y a sus intérpretes. Él habló y jugueteó de lo más sencillo. Luego nos fuimos a comer al restaurante de un hotel donde no pudiera ser molestado, y me causó gran ternura verlo aguantarse las casi cinco horas que su padre y yo estuvimos platicando y planeando cosas... Pobre, se entretuvo subiendo y bajando escaleras. Nunca lo vi molesto o pidiendo que nos retiráramos».

¿Era prudente o sentía temor o respeto por su padre? —pregunté curiosa—. «Supongo que era una mezcla de los dos. Toma en cuenta que él no sólo era su padre, también era su *manager* y como tal lo trataba». ¿Cómo lo ves ahora? ¿Lo han cambiado los años?

«Como artista es único, pero creo que es un ser humano que sufre. Yo a su edad no tenía estas responsabilidades, él ha apresurado demasiado su vida. Esto sin contar ya con la presencia de sus padres que lo han convertido en un ser triste. Luis Miguel sufre porque prácticamente está solo. El éxito debe llenarlo mucho, pero se paga demasiado caro. Nunca va a saber quién se le acerca desinteresadamente. La soledad es la soledad».

Situarlo así en estos momentos, es como dejar a un lado y de golpe la imagen de aquel chiquillo al que muchos recuerdan sano, divertido, juguetón y despreocupado. Al niño de pelo dorado y tierno que miraba como un acto de magia la grabación de su primer disco, convirtiéndolo en el acontecimiento de su vida... Lo era. Quizá por eso le costaba trabajo desprenderse del micrófono o evitar verse extasiado cuando escuchaba el sonido de los instrumentos, momentos de intensa emoción para él, que se rompía cuando al grabar, la presencia de su padre le imponía —dicen que en ocasiones, lo ponía nervioso. No era para menos, su lanzamiento como solista significó todo un reto. En esos momentos estaba pegando el grupo «La Pandilla», por cierto, con una cancioncita tonta llamada *El alacrán,* así como acrecentaba su fuerza el grupo «Menudo». Luis Miguel debía demostrar que a pesar de su edad (11 años) podía con el paquete de solista interpretando temas de amor. Pero, ¿entendía lo que encerraba esta palabra?

Lo cierto es que las primeras canciones con las que se dio a conocer se referían a ese sentimiento puro e inocente que despierta en nosotros por primera vez, cuando vivimos el tiempo del «helado compartido». No extraña entonces, que *Uno más uno igual a dos enamorados* en la voz y temperamento de Luis Miguel resultara lo idóneo, y por añadidura todo un éxito en el momento de su presentación ante el mundo en «Siempre en Domingo» conducido por Raúl Velasco, que en opinión de sus detractores es quien decide el triunfo y fracaso de los artistas que se presentan en su programa, aunque en el caso de este artista —aseguran— con él o sin él hubiera triunfado.

No se me olvida la actitud de Luis Miguel en aquella ocasión, era la imagen del niño tierno y cándido, agradecido, con una sonrisa de oreja a oreja; recibiendo el aplauso del público mientras se paseaba orgulloso por el set vestido de «corsario». Más aún, transmitía por los poros la estabilidad emocional que le producía el vivir en una familia unida y armoniosa, un mundo bueno que lo abrazaba.

Conclusión, fue tal la aceptación de su primer disco, que de inmediato vino la grabación del segundo, realizado ese mismo año de 1982 titulado *Directo al corazón*. Enrique Okamura lo dirigió de nuevo, repitiendo la misma fórmula: un concepto musical, acorde a su edad y proceso de crecimiento. Ya saboreaba las mieles del éxito, pero continuaba siendo sencillo y alegre. Quizá el único cambio que se generó en él, fue la inclinación desmedida sobre todo lo que tenía que ver con la producción. Externaba opiniones que dejaban asombrados a los conocedores, pues casi siempre acertaba.

Poseía una intuición bárbara. El tiempo que dedicaban para grabarlo se acortaba, pues el chico sabía lo que hacía. Ya desde entonces se le bajaba la intensidad de la luz en la cabina para que se sintiera en ambiente. Su timidez sólo la reflejaba fuera del escenario.

Presentación de su primer L.P. en XEX de izq. a der.: Luis Miguel, Jaime Almeida, Juan Carlos Calderón, Carlos M. González.

En una presentación en «Siempre en Domingo» con uno de sus primeros grupos.

Cómo duele crecer

Para el año de 1983, Luis Miguel ya era un gran cantante. Sus giras internacionales en el Sumit de Houston, en el Madison Square Garden de New York, así como en el Convention Center de Dallas, lo elevaban rápidamente a categoría de ídolo de la canción, haciendo que en cada una de sus presentaciones se agotaran las localidades. El artista menudito causaba estragos. Poseía un magnetismo más que comprobado.

Aún no acababan de promoverse en su totalidad los temas que incluía *Directo al corazón,* cuando el equipo de trabajo encabezado por Luis Rey decidió darle prisa al tercero que llevaría como título *Decídete*, marcando cambios definitivos en su música y en su imagen. Y si bien es cierto que en sus inicios Enrique Okamura había logrado que el cantante funcionara maravillosamente bien a nivel discográfico, en opinión de la compañía en esta ocasión no resultaba ser el idóneo para acelerar su internacionalización. Fue así que contactaron con el español Honorio Herrero para que realizara la nueva producción del artista, hecho cotidiano en la historia musical de nuestros ídolos nacionales. ¡Caray!, si somos capaces de llevarlo al punto de fruta madura, ¿por qué somos tan malinchistas, entregándolos a otros, para que estos presuman de la jalea?

Así vestía en sus primeras presentaciones.

Cuando era accesible a sus fans.

En manos de Honorio quedó el artista, obligándolo a elevar su nivel interpretativo basado en canciones con más fuerza, incluso audaces, por ende, mostrando una imagen más atrevida. Al decir de los expertos, con esto podía desplazarse fácilmente dentro de la idiosincrasia europea. Lo importante a señalar en este aspecto es qué o quién motivó los cambios para que Luis Miguel emprendiera una carrera que lo marcaría a partir de esta nueva etapa como «símbolo sexual».

Tocar el tema de la vida sexual de alguien, no es fácil. Mucho menos cuando se trata del despertar temprano de un niño como Luis Miguel. Esto obliga a cuestionar si fue precoz por naturaleza, o si el hecho de convertirse en artista desde niño, influyó para que supiera prematuramente el significado de una relación sexual. Precisamente esto fue lo que platicamos muy al principio de la entrevista que sostuve con él en el año 1989, en la que respondiendo de forma franca, pero cuidando sus palabras me dijo: «Más bien tuve necesidad de ser precoz. Adaptarme a muchas cosas para estar de acuerdo con lo que hacía como artista, —señalando categórico. No podía ser un niño y comportarme como tal. Me vi obligado a crecer con la cabeza y con mi cuerpo al mismo tiempo».

Aparentemente su primer encuentro sexual no fue frustrante, de hecho se rumora que llegó diciendo: «Ya me estrené», aunque obviamente no fue él quien tomó la decisión. Fue Luis Rey quien fraguó esa experiencia, pues es sabido que él tomaba las decisiones más importantes de la vida íntima y profesional de su hijo.

El rigor y la disciplina cotidiana que abrumaba al artista, también competía a Luis Rey, aspectos en los que pocas veces intervenía su mamá. Ella era el refugio cálido donde no se sentía observado y juzgado, como le sucedía las más de las veces con su padre. No precisamente haciéndolo con empatía, él era tajante, como *manager* genial. Tal parecía que el mensaje era: «La debilidad es sinónimo de fracaso».

Luis Miguel señaló la frase «Me vi obligado a» y es cuando abro un espacio nuevamente tocando lo de su sexualidad. Sobre este punto, como que no todos se ponen de acuerdo en: cuándo, cómo, dónde, por qué y con quién tuvo su primera experiencia, que adquiere importancia desde el momento en que Luis Miguel, no me justifico, sólo aclaro, está considerado como un símbolo sexual. ¿O me equivoco...?

De un rumor general surge la idea de que esto sucedió cuando tenía 13 años. Supuestamente con una señora mayor —irónicamente dicen— que se sorprendió al ver que su alumno la superaba desde la primera lección. Otros —casi lo juran— aseguran que fue mucho antes, siendo escenario Brasil. Que el chico se entretenía jugando con trucos de magia en la salita del cuarto donde se hospedaban, cuando llegó de improviso su padre. Venía acompañado de una mujer joven, bonita, de grandes ojos celestes y sin más preámbulo, los dejó solos. ¿El motivo...? Había llegado el momento de que su hijo, conocido también por el mote de *Solecito,* se hiciera hombre cuanto antes.

Si fue así, no dudo que a la mayoría le parezca atroz, terrible, violento, dado que cualquier ser humano tiene el derecho de decidir en qué momento inicia su actividad sexual. Al respecto, Luis Miguel nunca niega ni afirma tal cosa. Evita el morbo de la gente o quizá el recuerdo de ese acto impuesto. Se ha defendido bien de los que hemos intentado invadir su espacio más íntimo. Ésta es invariablemente su respuesta, cuando se le cuestiona sobre la pérdida de su inocencia en Brasil: «Hace ya mucho tiempo de eso... La verdad es que ni me acuerdo dónde fue —luego irónico—, seguramente no estuvo tan mal».

Sí, el tiempo cura las heridas, sin embargo, en su momento pudo provocarle una sensación de miedo e impotencia. Vamos, en ese entonces era apenas un niño, ¿qué podía importarle nada referente al sexo? Si quince días antes de este hecho, durante su estancia en Argentina, había vivido una de sus experiencias artísticas más lindas. Al hospedarse en un hotel situado en la calle Corrientes, se entretenía asomándose y escondiéndose intermitentemente, mientras sus fans paraban el tránsito de la avenida para ver a sus anchas al ídolo, que emitiendo sonoras carcajadas se divertía tremendamente con la situación.

En plena pubertad.

Causaba tumultos. En un viaje a Chile.

Las chicas estaban tan identificadas con Luis Miguel, que llegaron a imitar su corte de pelo. Incluso había una niña argentina, de tal parecido, que llegó a hacerse pasar por el cantante cuando la ola de fans amenazaba con alcanzarlo. De hecho su amistad trascendió, gracias a que el padre de ésta, hombre rico y poderoso, le llegó a rentar a la chiquilla todo un piso del mismo hotel donde se hospedaba el artista, para que lo tuviera tan cerca como quisiera, una relación que también llegó a beneficiarlo, pues en una ocasión en que él debía salir de «Luna Park» para dirigirse de inmediato a un programa de T.V., fue a ella a la que subieron en el auto L.T.D., confundiendo al público, pues él ya había salido antes escondido en una ambulancia. Tremendo «chasco» se llevaron las fanáticas, cuando al cerrarle el paso al auto, se dieron cuenta de que perseguían a una niña.

Causaba euforia y algo más... No se me olvida cuando realizó su videoclip «Decídete» teniendo como marco una recámara, donde el chamaquito (lo era aún) se quitaba la camisa dejando ver su desnudez, al mismo tiempo que invitaba a su chica para que diera el paso trascendental... Y no me refiero exactamente al dulce beso y apapacho. A partir de esto despuntó hacia la imagen de símbolo sexual.

Pocas mujeres podían sustraerse al encanto del artista. Sus arrebatos pasaban de la efusividad, a verdaderos desmanes cuando podían tocarlo, hecho que a Marcela comenzaba a inquietarle. Su madre sentía un celo normal con respecto a esas demostraciones, hasta que cayó en la cuenta de que su tierno Luis Miguel era capaz de excitar a mujeres treintonas y cuarentonas, que ante sus ojos, prácticamente se lo comían. Lógico, si tomamos en cuenta que para ella seguía siendo su bebé. ¿Sabría ella sobre la primera experiencia sexual de su hijo, llevado por la mano de su padre o fue un pacto donde no cabía la opinión de una mujer?

El «Yo macho» definitivamente se lo inculcó su padre, no es de extrañar entonces, que pocas veces se atreva a decir no a unas faldas, tal como le sucedió en un viaje a Los Ángeles, siendo aún un adolescente. Se topó con una conductora de radio muy importante, pero al fin cuarentona, que le tiró toda la «onda» como dicen los chavos, logrando que el cantante se sintiera obligado a cumplirle. Dicen que es un magnífico amante. Hoy, lo creo, pero ayer siendo un niño se le sometió a crecer intelectual, emocional y físicamente de una manera antinatural. Todo a favor de la mercadotecnia.

El artista no sólo llegó a despertar el interés por su bella voz, la industria cinematográfica lo contrató como actor. No hay que olvidar que participó en «Ya nunca más», donde se le descubre como un actor innato al personificar a un adolescente que debido a un accidente sufre la pérdida de una pierna, convirtiéndose en un ser resentido con la vida, historia de gran carga dramática, donde tuvo la oportunidad de alternar con Gonzalo Vega, en este caso su padre, dirigidos los dos por Abel Salazar. Esta película se estrenó en 1984 rompiendo récords de audiencia al ser proyectada en México y otros países como España. Esto, por lógica, dio pie a que los productores cinematográficos pensaran en él para la realización de la película «Fiebre de amor», alternando con nuestra Brooke Shields mexicana, mejor conocida como Lucerito. En esta, enfrentan los dos un argumento mielero, cursi, salpicado de aventuras, terminando en ridícula boda que parecía primera comunión. Tema trivial, sin más consecuencias que las buscadas: lograr que lo invertido se recuperara y lo consiguieron con creces. Cardona debió saltar de gusto.

Con la cantante Laura Branigan.

Formando dueto con Rocío Banquells.

Un seductor.

Una de sus pasiones, el mar.

La música es su único amor.

Con la modelo argentina Paula Dágosti.

En pleno romance con la modelo.

Electriza a todas pero niega su atractivo.

Con su hermano Alex

Su disco «Romance».

Entre amigos: Juan Carlos Calderón, Laura Branigan, Luis Miguel y Rocío Banquells.

Vino también su cambio de voz, a lo que Luis Miguel no le dio mucha importancia. En esos momentos así lo confesó: «Estaba cantando en una fiesta familiar *Uno más uno igual a dos enamorados*, cuando de pronto sentí que ya no alcanzaba las notas más altas. Tal vez ahí se dio el cambio. A mí no me asustó, sabía que tenía que suceder». Su apariencia ya había sufrido también una transformación que provocó un sinfín de comentarios adversos; sin embargo, no lo inmutaron: «Siempre habrá gente que se exprese mal de mí para hacerme quedar en ridículo ante el público, pero no me importa».

En realidad era un artista muy aceptado, en 1984 al parecer todo le sonreía. Se presentó triunfante en Argentina, Brasil, Colombia, además de grabar su cuarto LP *Palabra de honor* sin descartar que la calidad de su voz lo llevó a realizar dueto con la cantante Sheena Easton con el tema *Me gustas tal como eres*, del que obtendría más tarde el premio «Grammy», sin duda, el reconocimiento musical más importante de Estados Unidos. Todo a su favor, ¿nada en contra?

El doloroso divorcio de sus padres

En ese entonces, pocos estaban enterados de que dentro de su familia comenzaba a gestarse una lucha enorme que amenazaba con destruirla. Habían quedado atrás los días felices en que Marcela Basteri jugaba con sus hijos pequeños (Ale y Micky) recostada en su cama después de la comida, ayudándolos en sus tareas escolares en un ambiente de total armonía, soñando —lo más seguro— con un destino muy distinto al que tendrían. Los mejores momentos se le iban de las manos, sin que ella pudiera hacer nada para remediarlo.

Empezaban sus dudas respecto a las consecuencias que traería la carrera de Luis Miguel, la que vio en un principio como un juego, terminando por darse cuenta de que el personaje que lo envolvía estaba separándolos irremediablemente. Los continuos viajes, los ensayos y grabaciones, impedían la convivencia, menos se daba la comunicación. Le dolía ver cómo su hijo mayor era transportado a un sinfín de países como artículo de consumo, mientras en su casa se daba gradualmente la desintegración familiar. Esa desunión terminó por asustarla, llevándola a enfrentar constantemente conflictos con su marido, quien al parecer, se había volcado por completo en la carrera artística de su hijo, olvidándose de los demás, tratando de lograr con Luis Miguel lo que él mismo no había obtenido como cantante.

Así lucía en 1985 cuando se divorciaron sus padres.

El rompimiento se dio en 1985 provocando en Luis Miguel un gran desequilibrio emocional... Sin duda ha sido una de las etapas más duras de su vida. Contaba apenas con quince años. No obstante, tuvo que sobreponerse para enfrentar los compromisos que había adquirido. Así que «el *show* debía continuar», por lo que intentó dejar en *stand by* su aspecto emotivo, sin lograrlo del todo, pues sentía una enorme carga. No podía disimular sentirse profundamente herido.

Lo entrevisté unos años después de este suceso y aún se podían percibir en él los estragos causados por la separación de sus padres. Habló de aquello con tanto sentimiento, con tanto coraje reprimido que me desarmó, sentí por él una infinita ternura...

«El divorcio de mis padres —confesó dolido— no sólo fue un problema de pareja, los hijos también formamos parte de ese conflicto... Yo en especial. Mi padre siempre viajaba conmigo y... el pretexto fue ése. A mí me parece absurdo». —Señaló tajante.

—Te culparon a ti, ¿fue eso? —insistí.

«No fui exactamente el motivo principal —suavizó— lo que sucede es que al surgir estos problemas hay mil justificaciones que se pueden encontrar —dijo nuevamente dolido. Para ellos yo fui el pretexto. Y bueno, si no se querían o no se llevaban bien, perfecto; pero sus decisiones no debieron afectar a los hijos». Señaló enfático, al llegar a este punto de su vida. No podía disimular el sentimiento de impotencia que lo invadía, por lo que desvió de pronto la mirada tratando de evitar que yo advirtiera el brillo de coraje que ya asomaba a sus ojos.

¡Me estalló la ternura! Luis Miguel apareció como lo había pintado Enrique Okamura en una ocasión que hablamos de él, cuando el cantante realizó un viaje a Estados Unidos y le preguntó a su productor que si se le ofrecía algo, mostrando una carita de importancia que lo cautivó. Cuenta Enrique que le pidió un chocolate *Milky Way,* y eso, si se lo encontraba tirado en la calle. Días después, a su regreso, encontró un enorme paquete de estos chocolates encima de su escritorio: «Este niño era una ternura» —confesó.

A sus 15 años, cuando tuvo que afrontar el divorcio de sus padres.

En realidad, la actitud seria, retraída, casi de ermitaño, la adoptó a raíz del divorcio de sus padres, del que en su momento se hicieron mordaces comentarios, señalando a su madre como la culpable principal. Hubo algunos que incluso intentaron acabar con su reputación, dejando entrever que a Marcela le había dado por consolarse con whisky por el abandono en que se encontraba, además de afianzar «más allá de lo normal» la relación amistosa que llevaba con el *Negro* Durazo. Peque Rossino, gran amigo de la familia Rey Basteri, fue categórico al señalarme: «Marcela fue una esposa y una madre excepcional. Todo lo que se dijo de ella en el medio fueron chismes y calumnias absurdas».

Muchos son los que coinciden en que Luis Rey y Marcela llevaban una relación un tanto extraña. En apariencia eran una pareja armoniosa pero desunida en la intimidad, debido, más que nada, a que él fue matando gradualmente el amor de su esposa; andando con cuanta mujer se le ponía enfrente. La amante en turno lo mismo podía ser española o argentina, haciéndose pasar como maestras particulares de su hijo, manteniéndolas incluso, viviendo en su casa, bajo el disgusto reprimido de Marcela.

Respecto a su amistad con Durazo, resulta cierto que le caía bien como amigo, dicen, que éste solía ser una persona muy divertida. La pasaban bien cuando lo invitaban a comer y el propio Luis Rey guisaba para él. A su esposa el arte culinario no le entusiasmaba demasiado. Su máximo era encargarse de todo lo referente al bienestar de sus hijos.

La separación se fue dando lenta y dolorosamente, recrudeciéndose al nacer su tercer hijo. Marcela no contó con el apoyo moral de su esposo cuando Sergio vino al mundo prematuramente, por lo que tuvo que quedarse un tiempo en el hospital bajo estricta observación médica. A diario, ella tuvo que transportarse hasta allá, para darle de comer y estar con él... sola. Esto terminó por desgastarla.

Lo que sí trascendió a la gente, de forma por demás confusa, fue precisamente lo que sucedió al firmarse el divorcio. Luis Rey, apoyándose en el poder de Durazo, despojó a Marcela de su hijo menor, enviándolo de inmediato a España, quedando bajo el cuidado de la abuela paterna. Nadie daba crédito a tal hecho, sobre todo si se decía en aquel entonces que el padre de Marcela era un hombre poderoso, por lo que todos se preguntaban por qué no la apoyó.

Conservador en su manera de vestir ante el público.

Finalmente ella regresó sola a Italia, consolándose más tarde con un exnovio con quien se casó un año después. (Ocurre que eso es lo que se decía en aquel entonces sobre la ausencia de Marcela. Luego de la serie, sabemos que Luis Rey mentía en la información que daba sobre la mamá de Luis Miguel). No obstante, la opinión de Luis Rey respecto a él, siempre fue la de: «Es un hombre despreciable». Y es que ante este hecho contundente, parecía que Rey había recibido la patada más grande a su machismo. Sin embargo, en momentos de suma depresión, llegó a comentarle a un amigo: «He perdido a la mujer más importante de mi vida. Pero prefiero perderla a correr y pedirle perdón».

Esa sensación de impotencia fue la que quizá lo llevó a un gran resentimiento, llegando a criticar duramente a Marcela ante sus hijos. Con toda seguridad causó un gran efecto. A muchos nos consta la revelación que hiciera hace poco Luis Miguel en una rueda de prensa: «hace mucho que no tengo ninguna relación con mi madre. Ya va para ocho años. Ni siquiera sé dónde vive». A saber de algunos, sí ha tenido contacto con ella. Lo que no saben, es por qué lo niega.

La infidelidad es señalada como factor principal de la ruptura de sus padres. De Marcela no se conoce nada en concreto. De Luis Rey de sobra es conocido su romance con una sobrecargo del avión presidencial de esa época, así como su candente relación con Abril Campillo y muchas otras más.

Año 1989.

Luis Rey... creador de un ídolo

1985 fue un año terriblemente pesado para Luis Miguel en el aspecto emocional, pero enormemente gratificante en el profesional, pues logró su consagración en el Festival Internacional de la Canción Viña del Mar, recibiendo la «Antorcha de Plata», para luego obtener el segundo lugar en el Festival de la Canción de San Remo con el tema *Los muchachos de hoy,* además de conseguir el premio «Grammy» de los Estados Unidos.

En todo esto, el punto clave fue su padre. Se había propuesto hacer de su hijo un ídolo, y lo había conseguido. El chico valía su peso en oro, eso era lo que lo avalaba. Tal vez por esa razón Luis Rey mostraba una frialdad bárbara en el momento de negociar. Lo clarifica su postura al enfrentar el paso del cantante de EMI Capitol Nacional a EMI Internacional. Dicen que al momento de realizar el contrato, en lugar de viajar a Londres para entrevistarse con los altos ejecutivos, los hizo venir al Hotel Radisson de Acapulco, por supuesto con gastos pagados por los ingleses, además de pedir cinco millones de libras esterlinas por cerrar el contrato. Vamos, Luis Miguel valía la oferta y la pagaron. Poco tiempo les duraría el gusto. Luis Rey tuvo serios conflictos con Luis Moyano, incluso de índole personal y decidió negociar el contrato con WEA que pagó una cifra estratosférica. Así se las gastaba como apoderado.

No tenía ningún miramiento con nadie cuando se trataba de la carrera de su hijo, que también debía enfrentar sus arranques temperamentales. Otros lo justifican aclarando que, por ser andaluz, así era su carácter. Peque Rossino, uno de ellos: «De él siempre recibí cariño y atenciones —me confesó—. No se me olvida que estando yo organizando el primer show en que presentaría a su hijo, me preguntó al terminar sobre mis honorarios. No es nada —le dije— tú y yo somos amigos, ¿no? Pero él, insistió, así que ante mi constante negativa, acabó por regalarle a mi esposa, Adriana, su guitarra flamenca «Ramírez», con un valor de cinco mil dólares.

No sé —dijo nostálgico el arreglista— conmigo siempre fue muy buena persona. Jamás olvidaré que estando yo en Guadalajara, en plena presentación de Luis Miguel, se me comenzaron a gangrenar los dedos del pie por padecer diabetes. Sentí mucho coraje, porque prácticamente lo dejaba colgado con el espectáculo. Sin embargo, Luis me dijo: «No te preocupes. Tú cuídate. Atiéndete con el mejor especialista del mundo, en el mejor hospital. Yo pago todo». Efectivamente —señaló emocionado— me atendí en las mejores condiciones gracias al detalle que tuvo conmigo. Por eso me da mucha rabia no haber estado con él cuando murió para decirle cuánto lo quería».

Hablar de Peque Rossino es mencionar una pieza importantísima en el desenvolvimiento artístico de Luis Miguel. El cantante llegó a sentir verdadera dependencia por su persona, le transmitía mucha seguridad. A menudo lo miraba de reojo en el escenario, se sentía protegido por él.

No hay que olvidar que Peque lo acompañó en sus primeras giras a Brasil y Argentina. Prácticamente estuvo bajo su batuta hasta el año 1989.

En 1987 ganó cinco discos de oro por sus ventas.

Luis Miguel con los hermanos Rigual.

Precisamente en ese año, Luis Miguel grabó su sexto LP *Un hombre busca a una mujer,* bajo la producción de Juan Carlos Calderón, aumentando más su prestigio como cantante, así como su cartera de trabajo, desplazándose nuevamente por Centro y Sudamérica. Las notas periodísticas hablaban de él como un fenómeno acaparando las primeras planas. Considerado ya como el artista mexicano más asediado.

En fin, el cantante triunfaba donde se paraba. En Río de Janeiro fue todo un acontecimiento cuando se presentó en el programa «Perdidos en la Noche». Fue cuando surgió la idea de que grabara en portugués, comentando cuando concluyó el acetato: «Me esforcé mucho. Hice lo mejor que pude al grabar en este idioma tan melodioso... Pido perdón si me equivoqué al pronunciar mal una palabra». No obstante, el cantante no se cansó de ganar premios y discos de oro por las fabulosas ventas de sus discos.

Tocando el tema de las notas periodísticas que hablaban de él, cabría mencionar que no siempre fueron bien intencionadas. Luis Miguel también ha padecido por sus detractores.

Cuando se presentó cantando en compañía de Rocío Banquells, en un auditorio impresionante, plagado de chicas que lloraban y se estremecían ante él, no faltó la crítica de un diario local de Los Ángeles. La nota aseguraba que Rocío había pegado «el baño de su vida» al engreído de Luis Miguel que era objeto del deseo de dos conocidas figuras del medio artístico y parientes entre sí. Alejandra Guzmán y su sobrina Stephanie Salas, quienes acabaron en encontronazo al ser elegida esta última, cuando coincidieron en un viaje los tres. Llegó con una y regresó con la otra, cuestión de susceptibilidades.

De su larga lista podría mencionarse a Sasha, a la que le tocó turno breve, por cierto, y quien en su momento comentó con una sonrisa de oreja a oreja lo que significaba para ella esta relación: «Luis Miguel es una nueva personita que ha entrado a mi mundo. Él me ha abierto las puertas de su vida y le he tomado mucho afecto. Sí, es verdad que hemos salido juntos y que nos llevamos de maravilla (recordó de pronto su estrellismo y modificó su entusiasmo), pero más bien somos amigos, porque eso de novios, listos para casarnos, ¡para nada... veees!».

El caso es que el tiempo que duró su relación, ella viajó con él y hasta se hospedaron en el mismo cuarto en un hotel de San Miguel de Allende. Puede decirse que se les veía cariñosos, siempre y cuando no estuviera husmeando algún periodista. El cantante siempre se ha cuidado. Es muy reservado en sus demostraciones de amor. Odia verse comprometido. Son tan frágiles estos *affairs*, que tiene razón. Luis Miguel ha exteriorizado muy poco respecto a ella, aunque se sabe que actualmente son muy buenos amigos. Lo mismo en el caso de Lucerito, con quien trabajó en «Fiebre de amor», dando pie a que brotara el rumor de un romance. De las dos ha dicho: «son amigas, compañeras simplemente». ¿Habría alguna que le gustara más?, se le cuestionó. «Las dos me gustan. Cada una tiene lo suyo —confesó el experto. Sasha es sofisticada, interesante, inteligente. Tiene bastante tema de conversación. Lucerito es más dulce, tierna y un tanto niña...» —por no decirle mensa. Esta declaración le llegó hondo y profundo, al grado de que en la primera oportunidad se desquitó: «Micky a veces es creído y payaso».

Total, que las que aceptaron desearlo... y las que lo deseaban, pero lo callaban, acabaron por llevárselo a la cama.

Adela Noriega lo conoció cuando filmaron «Fiebre de amor», ella con un papel menor. Cuentan que Adela lo persiguió como desesperada, que incluso llegó a hablarle a altas horas de la madrugada a su casa, en espera de esa invitación. Uno de los antiguos guaruras de Luis Miguel asegura que de plano ella le caía de improviso a su casa y pasaba la noche con él... ¡Vaya usted a saber!

También solía hacerlo Lucía Méndez —hasta la burla sórdida aparece en ciertos comentarios. Él sufría de «destete prematuro». La actriz le infundía una seguridad muy especial. Con ella se portó como un caballero, despedía a la gente de servicio para no incomodarla. Su relación, aunque corta, fue de lo más tormentosa. Existe la creencia de que hoy ya no se dirigen la palabra.

No obstante haber mencionado ya el caso de Alejandra Guzmán y Stephanie Salas, no hay que olvidar un punto en el que las dos comulgaban con la misma idea, lograr tener un hijo con él. Ale incluso llegó a exteriorizarlo de forma escandalosa. Lo cierto es que hizo su luchita, pero nada. Acabó por unirse a un señor Moctezuma con el cual tuvo una niña.

En cambio Stephanie, muy calladita, de forma sigilosa, se le fue metiendo. Todo indica que esa relación tuvo su clímax, justo cuando esta cantante sufrió la pérdida de su hermanita menor Viridiana. En circunstancias, por demás trágicas. Murió en un accidente. Luis Miguel estuvo con ella en esos momentos difíciles. Luego pues sucedió lo que muchos creen posible, se embarazó del cantante. Michelle, es muy parecida a él, hasta en el nombre, ¿no?

La propia Silvia Pasquel, la abuela en este caso, al momento de ser entrevistada en la revista *Estrellas* dijo: «Si mi nieta es hija o no de Luis Miguel, ese problema es exclusivo de la pareja. La gente no tiene por qué pedir explicaciones». Cualquiera con colmillo, analizando este comentario llega a la conclusión de que entre líneas dijo «sí», sin afirmarlo rotundamente, como era su deseo, debido a que no se sentía autorizada por su hija para hacerlo.

Luis Miguel tampoco se ha tomado la molestia de negarlo públicamente, provocando con esto que el rumor o chisme siga creciendo en forma alarmante. Allegados aseguran que Luis Miguel de vez en vez visita a la niña y le lleva juguetes, pero de aceptarla como hija ante medio mundo, ¡nada...! Tal vez más adelante, cuando salga de una serie de conflictos existenciales, y se sobreponga al impacto, lo grite a los cuatro vientos.

Entre la ensalada de mujeres que también han aparecido en su lista, se ha manejado el nombre de Bibi Gaytán —apenas unas noches—; la danesa Brigitte Nielsen —pura publicidad—; así como Estefanía, la princesa de Mónaco. Mucho se habla de aquel encuentro en Acapulco donde el cantante y ella coincidieron en un festival musical. Se manejó que hasta le había llevado serenata.

Con la tenista Gabriela Sabatini.

En una disco con Diana, modelo neoyorquina.

Lo que a mí me consta porque lo vi, fue que se toparon en «Hard Rock» y los dos, en mesas separadas —cada quien con sus guaruras— no se pelaron en lo absoluto. Recuerdo incluso que ella ya estaba bastante servidita, malhumorada. Y él, en el mismo papel, sin que una grandiosa nota los uniera para en verdad soltar un escándalo. ¡Luis Miguel y Estefanía se flecharon...! Nada. Existe la teoría de que mantuvieron un *affair* cuando el cantante estuvo en Mónaco. Que en el lobby de un hotel una persona muy cercana a él le preguntó irónica: «Cómo pasaste la noche». Y que Luis Miguel, dejando escapar un suspiro, aseguró: «Demasiado bien». El chiste es saber si la pasó con ella.

Muchas, eso sí, muchas han comprobado su éxito como amante, bajo el calor de sus sábanas. Tienen ahí a la modelo argentina Paula Dagosti con la que compartió algunas lunas, caminando por las playas de Acapulco. Borrachos entre la brisa del mar y el mejor de los escenarios para dos chicos apasionados.

El capítulo con Rebeca de Alba es como intermitente, aparece y desaparece de su vida. ¡Ah! Cómo es insistente. Dicen que la «güera» donde pone el ojo, lanza la bala. Así sucedió la primera vez que los dos se encontraron en Los Ángeles. Luis Miguel grababa su disco que contiene el tema *Entrégate*. Y Rebeca la malvada se le entregó, repitiendo las veces que puede y cuando se preste la ocasión. Los dos jóvenes y bellos simplemente disfrutan del momento sin compromiso alguno, ¡qué suerte...!, digo yo.

Lógicamente ella no pierde las esperanzas, aunque sea relacionada con otros artistas como Ricky Martín y Manuel Capetillo, quien de forma por demás puritana —nadie se lo cree— expresó al terminar con ella que llevaría los votos de castidad hasta consolidar su relación ante el altar. Así que como todas, Rebeca insiste e insistirá con Luis Miguel, ya sea de manera privada o pública como pudimos darnos cuenta con la entrevista que ella le hiciera en un programa dominguero, donde no pudo disimular lo mucho que le atrae el artista.

Tuvo la oportunidad de realizar una entrevista de antología, dado que el cantante no ha sido presa fácil para los periodistas, donde podía indagar mucho sobre su aspecto humano, el que por largo tiempo ha estado rodeado de rumores y calumnias. Tocar puntos sensibles de su persona, para saber que aún vive, y no está atrapado en su personaje, y se le fue el tiempo coqueteándole, provocando que la opinión del público y los periodistas se generalizara. «Se comportó frívola, resbalosa e inconsciente, si quería algo con él, que aprovechara otro momento, fue una falta de respeto y profesionalismo».

Innegable que Luis Miguel sea un seductor, pleno y consciente de lo que su atractivo produce. De otra manera no se prestaría a salir retratado con el dorso desnudo, sabe perfectamente que con esto derrite a las mujeres. Se deja desear, admirar, pero en contraste, niega «ingenuo» que le guste provocar. «Yo no pretendo seducir a nadie —comentó en alguna ocasión—. Mi carrera no la baso en mi imagen... Aunque por otro lado, no creo que a nadie le disguste ser capaz de inspirar algo en el sexo femenino».

Y vaya que ha logrado inspirar de todo, ternura, pasión, deseo, envidia, y hasta amor verdadero, ese sentimiento que no brota exactamente de una atracción física repentina, llamada «química», sino más bien de una chispa de empatía, de entendimiento, para luego caer en un latir volcánico donde las emociones nos confunden, nos vuelven felices y a la vez tristes, es cuando duele pronunciar esa extraña palabra llamada: amor.

Algo muy parecido a esto fue lo que envolvió el romance de Mariana Yazbek y Luis Miguel. Una relación que duró poco más de cinco meses, llegando a término en forma por demás dolorosa para los dos. De todo esto queda como testimonio la opinión casi generalizada de que Mariana fue o ha sido hasta la fecha, la mujer que más lo ha motivado en este aspecto.

Mariana y Luis Miguel... ¿Un amor verdadero?

Se conocieron en 1988 cuando realizaban el video de la canción *Cuando calienta el sol,* dirigido por Pedro Torres (uno de los productores más importantes del momento) en la que se marcaría un cambio en la vida amorosa de Luis Miguel. Mariana logró lo que otras no habían conseguido anteriormente: mantenerlo interesado por más de cinco meses, una eternidad, todo un récord.

El primer encuentro se dio precisamente en casa de Pedro. Mariana había sido contratada para encargarse de la producción, siendo su labor específica la búsqueda de locaciones en Acapulco y organizar el *casting* de las modelos que acompañarían al cantante en esta grabación, por lo que el acercamiento entre ellos prácticamente sería nulo. No obstante, desde que los presentaron se cayeron bien, platicaron, bromearon e incluso él le insinuó que bien podría pasar como una de sus modelos, comentario que a Mariana le encantó. Luis Miguel le pareció sencillo y espontáneo, pero no dejó de verlo como lo que era, un niño (cuando esto sucedió ella contaba con 24 años, mientras que él sólo tenía 17), donde todo apuntaba en su contra.

Efectivamente, todo indicaba que no, pero no contaban con algo a su favor: por un lado, si el video se enfocaba a escenas de playa, era ilógico que tanto Luis Miguel como las modelos mostraran cuerpos blancos como leche; debían broncearse antes de iniciar la grabación al menos unos días, por lo que tanto la gente del equipo de trabajo como el artista y las modelos se dieron el gusto de «hacer la tarea» en un ambiente de lo más armónico. Lógico, entre juego y juego comenzaron a gustarse. Para colmo, se veían seguido, todos habían sido ubicados en el mismo edificio, abarcando cuatro pisos, siendo el *penthouse* el lugar de reunión para planear, comer y comentar.

Precisamente en ese lugar ocurrió un suceso que más tarde todos recordarían como una de las anécdotas más divertidas. Cuentan que la noche anterior a iniciar las primeras tomas del video, se les apareció de improviso un tipo de lo más extraño: bigote, pelo negro y lentes oscuros, que se concretó a dar las buenas noches, mientras tomaba asiento, para luego quedarse en silencio por un buen rato, momento que sacó de balance a los que se encontraban en la sala. «¿Quién es? ¡No sé!» —se preguntaban y contestaban, verdaderamente confundidos. Tanto, que ni siquiera atinaron a interrogar al personaje. Lo cierto es que si de ese disfraz no hubiera salido tremenda carcajada, nunca lo hubieran identificado, era él, Luis Miguel, con su risa inconfundible.

En ese viaje se mostró alegre, despreocupado, en absoluta confianza. Le fascinaba organizar las idas a la discoteca, donde el baile y la copa los hacía olvidar el cansancio padecido por la larga jornada, invitaciones que Mariana declinó en un principio argumentando la levantada temprano; sin embargo, acabó uniéndose al grupo de los trasnochadores encabezados por el ídolo. Y es que mientras más trataba de apartarse, más se iba acercando. Había brotado entre ellos la empatía de forma natural, a base de pláticas que sostenían cuando había un descanso, donde el artista le hablaba igual de cosas profundas o bien la hacía reír a carcajadas con sus anécdotas. Empezaba a brotar el cariño...

Video, danza y deseo

Se encontraba grabando las tomas en las que cada una de las modelos debía bailar alrededor del cantante jugando con un «pareo», cuando a Pedro Torres se le ocurrió que Mariana podía realizar la misma rutina. «No quiero» —se consumía de nervios. «Inténtalo» —le señaló, hasta que Luis Miguel intervino y logró convencerla iniciándose «la danza del deseo» (como le digo yo), pues ahí fue donde brotó la «química». De nada valía la diferencia de edades, el conflicto de Mariana por sostener un noviazgo cuando se sentía atraída por otro. El flechazo surgió y lo importante en esos momentos era disfrutar a plenitud de ese sentimiento... energía o como se le pueda llamar al amor.

El caso es que a partir de esa escena Luis Miguel y Mariana empezaron su relación, no siendo ya extraño para nadie verlos juntos en la playa, bailando en la discoteca e incluso en momentos de cierta intimidad, donde un ojo avizor se introdujo un día en que los dos metidos en un *jacuzzi,* jugueteaban a que él imitaba a un cantante y ella le adivinaba, sumergidos por horas bajo el agua, de lo más divertidos. Episodios como este servirían para dejar claro a las modelos que intentaban conquistarlo, que Mariana ya lo había atrapado. Entre ellos ya había surgido la empatía, la ternura, más una tremenda carga de atracción física, que honestamente no disimulaban.

Luis Miguel y Mariana en Acapulco en pleno romance.

Cuerpazo de Mariana Yazbek (ella de espaldas).

Algunos de los que vivieron muy de cerca este inicio de romance, aseguran que nunca en otra época lo habían visto tan feliz y relajado, tan auténtico. Él, tan reservado en sus asuntos amorosos, parecía ya no tener inconveniente en ventilar su relación, mostrándose inseparable de Mariana el tiempo que duró ese viaje. Luego sucedería lo inevitable, su regreso a la Ciudad de México, y el cuestionamiento de todos: ¿había sido Mariana un simple *affair* de temporada?

Un ramo de rosas enviado por el cantante, recordando el cumpleaños de Mariana fue el mejor pretexto para volver a verse. Aunque contando, claro, con otro más, dado que el video requería de la edición y forzosamente debían coincidir de nuevo. La mejor oportunidad de ver cuánto habían profundizado y cuánto en verdad se necesitaban.

A juzgar por el resultado de ese nuevo encuentro, donde se advertía la ansiedad y emoción por volver a verse, fue que ya no se separaron, formando una pareja, ahora sí, más estable. Aunque no vivían juntos, ni tenían planes de casarse, cabe decir que Mariana se pasaba la mayor parte de la semana en casa de Luis Miguel. De hecho les dio por viajar a diferentes partes de la República, siendo las playas de Vallarta y Zihuatanejo los mejores lugares para estrenar un amor que comenzaba a cimentarse sobre bases más firmes.

Por esa relación Luis Miguel descubrió que las cosas más simples de la vida eran finalmente las que más le llenaban. Se comportaba, ahora sí, como cualquier hijo de vecina que podía darse el gusto de ir al cine disfrazado, hacer un desastre en la cocina —porque guisaba— o permitirse un día, por puntada, subirse a la montaña rusa, tan feliz y entusiasmado, que había hecho sacar a Mariana del salón de belleza a medio arreglar, para que lo acompañara.

Mariana y Luis Miguel juntos en la boda de Yuri.

Una pareja bonita.

Era un niño, ella se permitía serlo. Entre ellos todo se daba espontáneamente, como lo iban necesitando. Sin montarse en el síndrome: «necedad adulta» en el que siempre surge el quién es más entregado o quién da más. En ese sentido no tenían problema, sin embargo, en ellos había un conflicto existente que debían resolver por separado. Por su parte Luis Miguel apenas estaba tratando de independizarse, además de sufrir los cambios lógicos de adolescente-adulto. Esto, conjugado con la inquietud que Mariana sentía por iniciar su carrera de fotógrafa, inevitablemente los llevaría por caminos separados, sin que pudieran evitarlo, así como otros sucesos fuera de su control.

Algo o alguien la sacaría de circulación

Sostener un romance con una persona tan asediada como Luis Miguel, no es ni ha sido fácil para nadie. De esto tomó conciencia Mariana y de hecho sabía que su carrera sería el detonador que acabaría con su relación tarde o temprano. Su verdadera historia estaba regida por dos polos opuestos: el de los sentimientos y emociones que llegaron a compartir, que el artista pedía a gritos como necesidad de ser humano, en contraste con la frialdad y el aplomo con la que debía manejar su imagen, como medio para impedir que el barniz de su personaje se deteriorara.

Fue así como ella empezó a lidiar con ciertas «disposiciones» de la gente que trabajaba para él, por considerarlas necesarias para el buen desplazamiento de su carrera. Como la vez en que invitado el cantante a un a entrega de premios no fue conveniente llevarla como compañera, teniendo que asumir su papel de sombra, algo difícil de entender; sobre todo si el propio hombre con el que supuestamente compartimos, se permite actuar como títere en este tipo de tretas.

El caso es que él se presentó solo, aun sabiendo sus más allegados, e incluso siendo del dominio público, que en esos momentos formaba pareja con Mariana. Los organizadores dispusieron que ocupara un lugar en la mesa de Sasha, convirtiéndose en el foco de atención de reporteros con cámara en mano, que mostrarían al otro día una bella fotografía con pie de foto: «Luis Miguel y Sasha en pleno romance», sin imaginar, los incautos, que a altas horas de la madrugada se gestaba una escena verídica que no sería alumbrada por ningún reflector de «tinglado». Luis Miguel buscaría a Mariana a las puertas de su casa, lo más arrepentido. Ni hablar, la profesión estaba por encima de cualquier sentimiento.

Aun así, su relación indicaba que se estrechaba más, y esto representaba para el equipo de Luis Miguel un grave peligro. Su romance llevaba cinco meses, nada usual en la vida amorosa del cantante, por lo que el botón de alarma comenzó a sonar. La chica estorbaba y se soltó contra ella la guerra fría.

A Mariana le inventaron una y mil «lindezas» que acabaron por repercutir en el ánimo del artista: Que si la habían visto con su antiguo novio, que si se la pasaba de reventón cuando él se concentraba en su trabajo, logrando el autor de la idea «genial» dar en el clavo. Él comenzó a celar y cuestionarla, a tener arrebatos de ira y enojo, llevándolos a la ruptura. Ella intentó hablar con él, hacerle entender que todo eso eran calumnias, pero Luis Miguel, al fin inmaduro, sometido a una carrera que tenía prioridad sobre todo lo demás, así fuera su estabilidad emocional, no lo aceptó por encontrarse muy dolido. El día que Mariana salió de su casa, fue para siempre.

Ocurre que el estar relacionada afectivamente con un personaje como lo es indiscutiblemente Luis Miguel, da a la gente la idea de que se puede vivir en el glamour y el oropel, el oro y la seda, cuando la realidad puede ser muy distinta. Ese amor, porque lo fue, tuvo que pagarse con una factura muy alta.

Desde mi punto de vista, Mariana se enamoró de un hombre que por su carrera artística está obligado a cotizar sus sentimientos en la bolsa de valores regida por su empresa denominada: PERSONAJE. Cuando el amor lo amenazaba con llevarlo a la quiebra, se marcó una estrategia: sacar esas acciones de circulación, atacar por donde él era más vulnerable; la inseguridad ante la imagen femenina, pues desde muy joven tuvo que arrastrar el sentimiento de abandono por parte de su madre.

Luis Miguel ha tenido que enfrentar dos situaciones similares con mujeres que han sido muy importantes en su vida, curiosamente alejadas de él por verse envueltas en opiniones adversas a ellas. Por un lado, su madre, que fue duramente criticada por Luis Rey, provocando un gran distanciamiento entre Marcela y su hijo, quien actuó sin defenderla por su inmadurez, tenía apenas 15 años. Él mismo acepta que no existe ninguna relación, y es que hay cosas que al romperse no se recuperan nunca. Esto no quita que él en un momento dado la haya buscado, aunque niegue que así fue. Por otra parte, está el caso de Mariana, a quien también alejaron de su vida a través de chismes que trajeron como consecuencia que se sintiera nuevamente traicionado. No quiso saber la verdad, nunca habló con ella, así terminaron, aunque cabría mencionar que ella lo buscó poco después de la ruptura, al enterarse de que Luis Miguel se encontraba hospitalizado debido a una intoxicación. Intentó decirle al menos, por vía telefónica, que lo seguía queriendo, que estaba con él, al menos espiritualmente, que la preocupaba, siendo el *Doc* (médico de cabecera y compañero inseparable del artista en ese entonces) quien le dijera como única respuesta: «Tú no tienes nada que hacer con él. Le hiciste mucho daño, a pesar de que él te amaba de verdad». De esta manera quedó finiquitado este último capítulo de su vida juntos.

Actualmente coinciden a veces por su profesión en algún lado. Se saludan cariñosamente, pero del asunto aquél, nada. Pero es muy claro que Mariana fue o ha sido quien más lo ha motivado sentimentalmente. Si yo pudiera reseñar esta historia discográficamente hablando, me quedaría con: *Culpable o no* y la canción *Solo* de su más reciente producción, donde refleja su realidad, así digan que anda con quien ande. Pero bueno, esto sucedió en el 88 y su vida para el 89 tendría otros episodios, el triunfo profesional sobre todo...

Historia amorosa con triste final.

Discos de oro y todo el triunfo.

En busca de su libertad

Alguien predijo que entre Luis Miguel y su padre surgiría inevitablemente un fuerte enfrentamiento que trascendería al dominio público, en el cual saldrían a relucir cuestiones desconocidas, provocando que el artista se apartara de Luis Rey para siempre. Este hecho ocurrió, se hizo realidad, justo al cumplir Luis Miguel 18 años.

Luis Rey, encargado de la carrera de su hijo desde el inicio, era el que decidía todo en su vida, el que había sacrificado todo por encumbrarlo, y tuvo que aceptar por vez primera la decisión implacable de Luis Miguel. «Se acabó, tú y yo no funcionamos, nos estamos haciendo daño». —Fueron tajantes sus últimas palabras. Luis Miguel se quedó a vivir solo en su departamento de Bosques de las Lomas, teniendo como única compañía a la gente que tenía a su servicio.

«Estoy solo —decía— pero me siento feliz. Cumplir 18 años implica afrontar la vida como todo un hombre; y no me asusta. De hecho, lo empecé a hacer desde muy chico. No niego que me siento solo y me deprimo... Pero prefiero estar así».

Asumía su soledad, porque más peso le significaba el control de su padre. En innumerables ocasiones lo presionó para que dejara de estar con tal o cual fulana. Siempre con enojo, violento: «Lo primero es tu carrera». Y es que para Luis Rey, la carrera de su hijo significaba lujo, éxito, plata y más plata. Cuando todo entre ellos se rompió, se manejó la palabra: «estafa». De inmediato Luis Miguel salió en su defensa.

«No existe ningún pleito entre nosotros, simplemente a él le afecta su salud encargarse de mi carrera y se decidió que un grupo de gente la manejara. Pero sigo estrechamente vinculado a mi padre».

En realidad la cuestión financiera tuvo mucho que ver con esta ruptura. Luis Miguel quería asumir su independencia, y justamente Armando Serna llegó a su vida como el genio de la lámpara maravillosa. Él decidió que Luis Miguel debía tener una cuenta de cheques y tarjetas de crédito, que fuera autónomo en sus decisiones, y una de esas decisiones tomada por el artista fue ponerle punto final a la vida disipada que llevaba su padre. Los dos ocupaban el *penthouse,* pero era Luis Rey quien organizaba sus fiestas, siendo su propio hijo quien le parara el alto: «Ésta es mi casa y la respetas».

Cuando todo acabó y se mencionaron de ellos tantas y tantas cosas, al cantante no le quedó otro remedio que defenderlo, después de todo estaba en su derecho. El expresarse bien de él, era como retomar las imágenes de antaño de los días felices en que Luis Rey se olvidaba de su pose dictatorial para enfrascarse en el papel de un padre tierno y considerado, entregado a los menores deseos de su hijo, como sucedió cuando cumplió 15 años y lo sorprendió regalándole una batería y un sintetizador en forma de guitarra, capaz de reproducir el sonido de cualquier instrumento, festejándolo en el programa «Siempre en Domingo», ante el caluroso aplauso del público y la enternecida mirada de Raúl Velasco, quien poco faltó para que soltara el llanto.

Tres años después decidiría vivir solo y abordar su soledad, así le pesara como una lápida: «Disfruto de ella cuando la requiero. La verdad es que no me gusta estar rodeado de mucha gente, en seguida me desespero. Aunque me ha pasado que llega cuando yo no la busco, y eso es muy triste. No puedo llevar una vida normal como cualquier ser humano. Eso es un lujo que mi dinero no puede comprar. Esas cosas las valoro, las extraño, ser artista, es vivir aislado».

Al grabar con Juan Carlos Calderón uno de sus L.P's.

Este era Luis Miguel a sus 18 años. Un joven que tuvo que aprender acerca de la vida demasiado rápido, descubriendo que las etapas de crecimiento no eran tan dulces como las mieles del éxito.

Efectivamente, seguiría cosechando éxito tras éxito al presentar ante los medios de difusión su producción musical *Un hombre busca a una mujer,* donde el artista reflejaba muchas de sus inquietudes y estados de ánimo. Se pasó más de seis meses en reuniones con Juan Carlos Calderón, dando como resultado temas como *Fría como el viento, Soy un perdedor, Por favor señora,* además del tema que titulaba el disco.

Cumplía entonces siete años de vida profesional, contando en su haber innumerables éxitos radiales: *Uno más uno igual a dos enamorados, Directo al corazón, Decídete, Palabra de honor, Cuando calienta el sol*, entre muchas otras, siendo sus propias vivencias las que marcaban su crecimiento personal y artístico, todo un fenómeno musical, único artista mexicano que lograba colocar siete canciones en los primeros lugares de popularidad, manteniéndose por más de un año en la lista de la revista *Billboard.*

Cinco discos de oro y la «Antena de Cristal» otorgada por la Cámara de la Industria de la Radio y Televisión recibiéndola de manos del Presidente Carlos Salinas de Gortari... y más y más.

¿La factura? ¡Demasiado alta! Él mismo lo confesó al periodista Ignacio Garlock en una entrevista: «Estoy pasando por una etapa de transición algo difícil. He trabajado mucho y me hacen falta los verdaderos amigos. Extraño la convivencia con ellos con mi familia —casi en grito de auxilio— ¡me siento vacío!».

«El éxito es parte de mi depre —aceptó. Sé que me buscan por ser Luis Miguel y eso me molesta, me lastima mucho. Sobre todo cuando me doy cuenta de que mis amigos no me responden como tal. Esto me hace poner una barrera y acabo viviendo como un ermitaño».

Él mismo no se explica el porqué de la seducción de su personaje, y no la de su propio ser. «Cuando voy a un lugar nunca voy posesionado del artista. Voy normal. Despeinado, con ojeras y barritos, como soy».

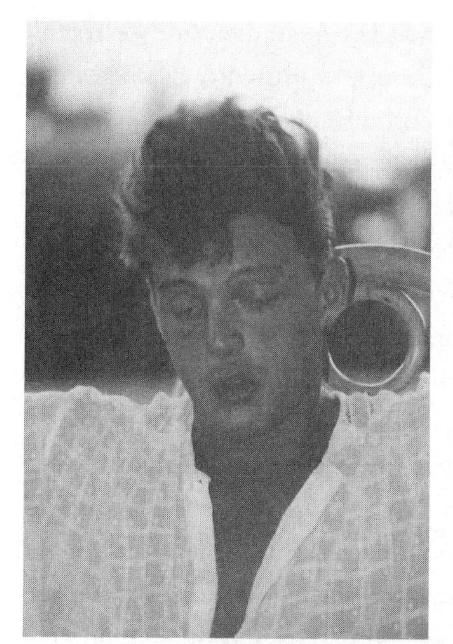

Es más sencillo de lo que se cree.

En efecto, en cierta ocasión en que su amistad era muy estrecha con el hijo de un hombre muy poderoso, se presentó en un restaurante de postín donde no fue bien visto por el portero, quien «celoso de su deber» le impidió la entrada. Cuánto hubiera cambiado de actitud ese hombre, si tras esos jeans arrugados y vil playera, descubre al propio Luis Miguel. Creíble o no, el artista ubicado en su realidad y libre de desplantes, giró sobre sus pies, dirigiéndose lo más tranquilo a su coche seguramente en dirección a otro lugar que lo aceptara sin remilgos. Para concluir, les diré, que esta escena la vio un reportero que se encontraba entre los comensales y que lo identificó desde un principio. Unos lo botan cuando es auténtico, otros lo quieren, ¿en verdad lo quieren...? Y es que me viene a la mente lo que vi en una fiesta en Acapulco, en la que Luis Miguel departió con «eufórica depresión» con una serie de «diablitos» que no aportan nada bueno a su vida. Artistas de la nueva camada, que ni los menciono por su breve paso en el medio artístico. Quizá hoy ya ni existan.

Luis Miguel y la cantante Sasha.

El ambiente ahí era pesado, tan falso, tan endemoniadamente loco, que comprendí de inmediato el porqué de su actitud. Se le veía perdido en el espacio, atrapado en el baúl de sus pensamientos. Triste, diría yo... Mientras los otros, ya sin reflejos, faltos de todo, carentes del menor ingenio, se habían entregado a Baco y Morfeo. Si este tipo de espectáculos no le llenan ¿de qué se alimenta? Posiblemente Luis Miguel vive cuando actúa, cuando canta, cuando crea.

Por eso su carrera profesional siempre es ascendente. En 1990 nace su disco *Luis Miguel 20 años,* logrando en poco tiempo que la demanda llegue a 66 mil copias vendidas en tan solo quince días. *Tengo todo excepto a ti* sube al primer lugar. Hace presentaciones en México y repite dos semanas en Estados Unidos y Sudamérica. Mientras tanto se siguen colocando los temas del disco en los primeros lugares del *hit parade* mexicano. Recibe el «Disco de oro» en Venezuela, «Disco de oro» en Puerto Rico, además de sus llenos totales en auditorios. No sólo el público lo reconoce, los críticos de espectáculos hablan maravillas del artista. Ya para 1990 está considerado el artista más importante de la música popular en español.

Un año después, Luis Miguel logra llegar con su voz a Taiwan, donde ya eran conocidos sus discos *Un hombre busca a una Mujer* y *Luis Miguel 20 años*. De igual manera se conoce su video estilo top gun, «La incondicional», realizando escenas peligrosas como el lanzarse en paracaídas, negándose a que alguien lo doblara, la mayor parte de estas tomas fueron hechas en el nuevo Colegio Militar y en la base de Santa Lucía. Todo un profesional. Convivió entre los cadetes para conocer a fondo su entrenamiento, además de cortarse parte del pelo en una toma. Luis Miguel en apogeo artístico para 1991. Poco después, anunciarían su muerte...

Con la modelo de su video *La Incondicional*.

Cumplía años y se le festejó con un pastel significando el propio video de *La Incondicional*.

Todo un profesional,
no quiso que lo doblaran
en las escenas peligrosas.

Me han matado tres veces

Justo a principios de 1992, nos sacudió otro rumor: «Luis Miguel ha muerto». ¿Cómo, cuándo, dónde y por qué? Era la pregunta obligada, repetida, atrozmente masticada.

Lo primero que se dijo —¿quién lo dijo?— fue que había muerto en un hospital de Los Ángeles. Que lo tendrían congelado hasta que su representante y la gente de la disquera, dieran con la fórmula para dar tamaña noticia. Según el rumor, su deceso lo había provocado una sobredosis.

Si no murió, —opinó la mayoría— ¿por qué no desmiente tal mentira la T.V. o, de perdida, la gente que tiene a su servicio? Ni una sola declaración en pro o en contra... Por su parte, la prensa, la que supuestamente debía informar bien y oportunamente —muy astuta — prefería vender más y más papel con esa cruda «verdad» cada vez más aderezada, en lugar de correr a donde el artista se estaba presentando para realizar lo que se entiende bien, por un honroso reportaje de enorme encabezado: «Luis Miguel está vivo. El rey no ha muerto, ¡viva el rey!».

Pero negocios son negocios y la «creatividad» seguía dando frutos. Empezó a circular la farsa de que el artista era suplantado por otro idéntico a él, utilizando obviamente el dichoso *playback*. Y bueno, tanto mentar que Luis Miguel era único, para salir con esto. ¡Qué horror! Sólo posible si hubiera tenido un gemelo nacido con el mismo don: su voz.

Las notas amarillistas continuaban hablando del asunto mientras Luis Miguel había hecho acto de presencia el día 12 de abril en Veracruz, para luego hacerlo el 18 en Puerto Vallarta, donde por cierto celebró adelantando su cumpleaños. ¿Un año más de vida o la fecha en que se recordaría su muerte? El caso es que dio sus conciertos de «cuerpo presente» hasta en Puerto Rico, en el estadio Roberto Clemente, bajo una lluvia torrencial, donde 20 mil personas pudieron apreciar al mentado muertito. Si a Pedro Infante, a 35 años de su muerte, no lo hemos podido enterrar —nos seduce la idea de que está vivo y continúa cantando de pueblo en pueblo—, a Luis Miguel, el *Rey,* mucho menos.

Lo innegable es que en esos momentos el artista estaba más vivo que nunca. Me constaba, lo había visto justo la noche anterior cuando asistí a una de sus presentaciones en el Hotel Villa Bejar de Cuernavaca.

Provocador de mil emociones cuando está en un escenario.

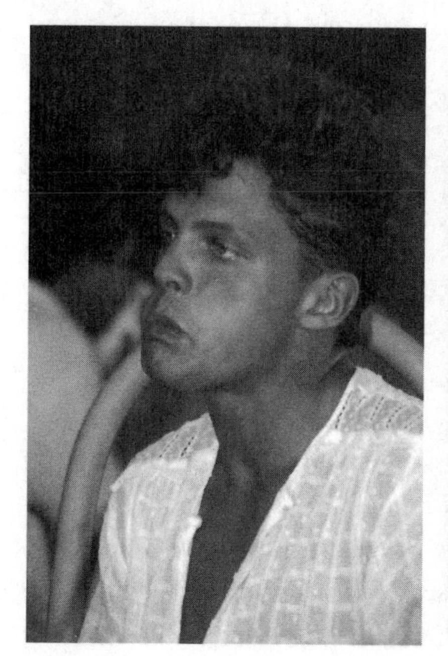

Sin poses ante la cámara.

Más divertido que el circo

Recuerdo que el público se mostraba expectante, nervioso. Esperar la actuación del artista, entrecortaba la respiración de los presentes, que no atinaban a hacer otra cosa más que mirar con insistencia el escenario de donde provenían los acordes de la música y uno que otro instrumento en vías de afinación, emitiendo un ritmo que iba muy acompasado al hormigueo que padecía la intriga que imperaba en el lugar.

Por otra parte, el brote de comentarios precipitados se empezó a escuchar. Las primeras en chismorrear fueron dos chicas, vecinas de un pueblo cercano, que vestidas de lentejuelas murmuraban: «Yo conozco en persona a Luis Miguel, y a mí nadie me va a tomar el pelo. El que aparezca en su lugar, va a tener que demostrarme que es el auténtico. Cosa que está en chino». Luego, un tipo advirtió levantando la ceja ante sus compañeras, que ya bebían *champagne:* «Este güey va a salir con *playback*. Sea o no sea Luis Miguel, este pinche güey no canta...».

Vestido con impecable traje, como siempre, peinadito a la «despeine», Luis Miguel hizo acto de presencia entre alaridos de mujeres. Empezó por las canciones que lo han hecho famoso: *Tengo todo excepto a ti, Amante del amor, Entrégate* —donde todas gritaban, aquí estoy— o *Cuando calienta el sol.*

El fragmento de *Romance,* en ese entonces su más reciente disco, fue el acabose. No hubo un alma que no se estremeciera aplaudiendo con una emoción única. La gente se le volcó, se le rindió. Las más atrevidas, hasta gritaban: «Quiero todo contigo». Luego, estallaríamos en carcajadas, cuando otra fanática gritó sin ningún pudor: «El día que quieras te vuelvo loco una noche...». Y así toda la velada...

Yo ya lo había visto en ocasiones anteriores, pero nunca tan entregado como en el momento en que se rumoraba sobre su muerte. Tal vez por eso su voz se escuchó más potente que otras veces, resonando en la sala ante el público que presenciaba su contundente autenticidad. No conforme, dejó a un lado su micrófono y cantó a viva voz. Si éste no es Luis Miguel —pensaba yo— ¡qué importa!, éste está corregido y aumentado. Y es que el cantante da el cien por ciento y su resto en el escenario. Es como un pulpo, lo mismo canta, se mueve, se preocupa por lo que pasa en la consola, se ríe y estimula a sus músicos, con los que utiliza un lenguaje entre líneas, sabe sacar lo mejor de ellos. Igual se enoja y se desespera al percatarse de una acústica deplorable, como lo dijo esa noche: «Me siento como en la casa de los enanitos —alguien más alto de un metro noventa y cinco se hubiera dado con el techo en la cabeza—. Disculpen el sonido, pero es todo lo que se puede hacer». Cuando en realidad nadie había notado si el sonido era óptimo o no... Insisto, su espectáculo fue muy bueno. ¡Qué bien había hecho su *show* el muertito! Llamado así hasta el día 26 de abril en que el cantante aceptó tocar el tema en una conferencia de prensa organizada en Miami, donde la directora de *T.V. Novelas*, Yoly Arocha, hizo reír a los periodistas cuando le preguntó: «Te voy a preguntar algo que quizá te cause risa. Últimamente se han dicho tantas cosas de ti... Una es que, el que está aquí con nosotros es una copia del verdadero Luis Miguel y que el auténtico falleció. Incluso en Puerto Rico se ha dicho que tú no eres el mismo del disco. ¿Cómo puedes demostrar que tú eres el auténtico?».

Luis Miguel se quedó pensativo, se levantó de la silla, se puso de espaldas a la prensa señalando sobre el pantalón un lugar en la asentadera y dijo riendo: «Pues mira, yo tengo un lunar aquí y no ha cambiado de sitio». Más serio, cuando las carcajadas se aplacaron, expresó: «Es increíble lo que ha sucedido. Miren, hace como un año que no tengo contacto directo con los medios de comunicación, no ha sido por mí, sino por la gran cantidad de compromisos. Y sé que por esa razón se han creado una serie de chismes y rumores sobre mí, que son una lindura, —agregó el cantante—; me ha impactado altamente la creatividad de la gente. En serio, fuera de broma, dicen historias muy, pero muy interesantes. Alguna que otra es cierta, —señaló— pero hasta me han matado tres veces en lo que va de este año. ¡Ya es cómico el asunto!» —concluyó.

Un hecho, no murió, pero es tan claro como el agua, que aun vivo logró provocar lo que otros ni muriéndose diez veces conseguirían nunca: ¡Convertirse en mito!

Como artista en todo su esplendor.

Antes... un niño.

¿Y ahora?

Luis Miguel, tras el mito

Después del lanzamiento de su disco *Luis Miguel 20 años* presentado ante los medios de comunicación en el año 1990, los periodistas que teníamos acceso al artista, por lo menos una vez al año, le perdimos la pista. Dio algunas conferencias de prensa o declaraciones que portaban sus servidores, pero nunca más tuvimos la «oportunidad» de volver a estar con él charlando (como antes) por espacio de 45 minutos —recuerden— reglamentarios.

Así, todo cuanto se decía de él quedaba suspendido o a punto de leyenda. Había que imaginarlo, suponerlo, descartarlo o tomarlo como un toque más de barniz del mito que se iba creando. Su muerte, por droga o por SIDA debido a su homosexualidad, el público se la creía... Ah, pero él ya no tenía contacto con los terrenales, tan solo se alimentaba de su arte, acrecentando su personaje. ¿Del ser humano? ¡Nada! Se había vuelto etéreo, fragilidad en el espacio sideral... Lejano.

Pugnábamos por sus palabras, por esa defensa de él a su integridad como ser humano, aun siendo capaz de actuar con toda la furia, ¡y nada! Sólo obteníamos como respuesta un quizá, quién sabe, ¿será?, dicen, yo creo. La verdad perdía fuerza. Ya no podíamos tener como punto de referencia lo que en otros momentos nos había mostrado como ser humano. El tiempo modifica y anula muchos aspectos de nosotros mismos. Sufrimos una transformación. De él ya no sabíamos absolutamente nada. Tal vez ni sus más allegados, los personajes más importantes de esta historia, se hubieran atrevido a recitar tal diálogo sin miedo de incurrir en el error.

Luis Miguel tiene un poderío excepcional. Es un privilegiado, es un artista admirado por los grandes, y eso tiene su mérito, aunque su fragilidad como ser humano penda de un hilo. Me bastó escuchar a José José —un grande— hablar de él, para comprender la magnitud de la importancia que tiene como cantante Luis Miguel. Me conmovió que en reciente entrevista realizada para hablar de él, José José se desligara de su ego —si lo tiene— para mencionar a Luis Miguel constantemente.

«En México sólo hay un gran artista que es una realidad absoluta: Luis Miguel. Es un cuate muy preparado, que también ha vivido lo suyo, pero que tiene una capacidad artística y un conocimiento de causa para ponerte el dedo en el corazón.

Es maravilloso que a sus veintitantos años logre cautivar a jóvenes y rucos. A todos, como en su momento lo hicieran Marco Antonio Muñiz y Pedro Vargas. Él es el heredero. Como me dijo una vez don Pedro. Cada 20 años surge en este hermoso país alguien que viene a rescatar la herencia musical de nuestro pueblo, el más sensible del continente. Él está aquí, es un hecho —y se le quiebra la voz para decir casi inaudible— pero hay que cuidarlo mucho, es muy delicado».

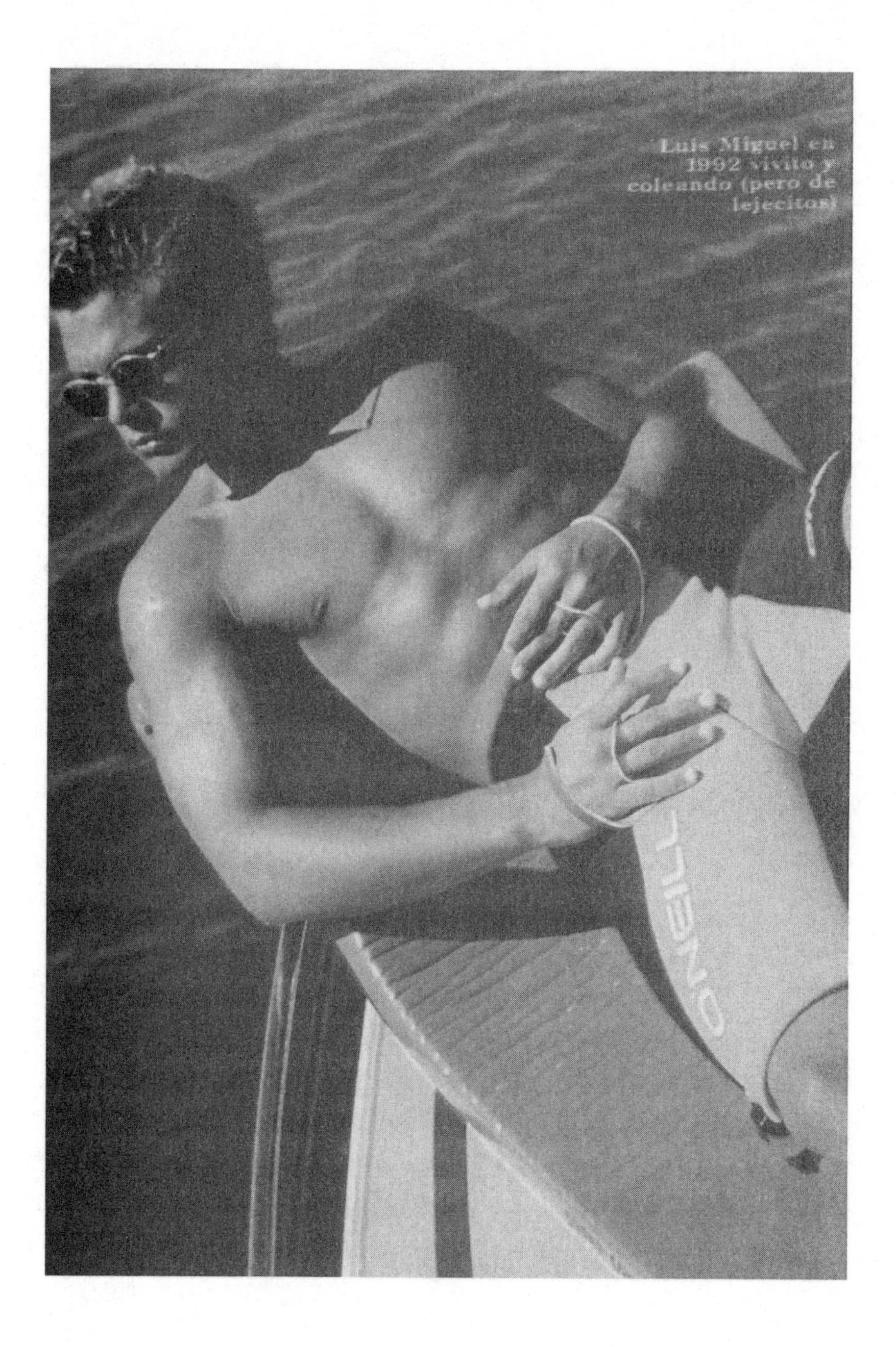

Luis Miguel en 1992 vivito y coleando (pero de lejecitos)

Luis Rey, Marcela Bastery con su primogénito.

Dos aspectos de una familia unida y feliz. Luis Rey, Marcela Luis Miguel, Alejandro y el pequeño Sergio.

Dices que «hay que cuidarlo» —señalé— y lo dices de una manera tan alarmante que... ¿Por qué? ¿Por qué siempre debe ser tan trágica la vida de alguien que está destinado a ser ídolo? Ahí tienes a Elvis Presley, James Dean, Pedro Infante...

«Porque hay descompensaciones en el manejo de la energía —explica— de esa sensibilidad tan exquisita que es la que mueve a las multitudes. Son pocos los que saben sobrellevar esta situación... ¡Es que esto te mata! No lo puedes controlar, te pierdes totalmente».

—¿Será entonces que el éxito es un tipo de veneno?

«Es la ignorancia. El público te aplaude y... ¡qué lindo!, tú ni te enteras de que estás manejando una sensibilidad y una vibra que ¡aguas!, —e insiste— hay que utilizar el intelecto. Yo —señala con tristeza— he visto a muchos amigos míos morir de amor, de depresión, de soledad y abandono, es terrible...».

Juntos, hacemos un recuento de cuántos del medio pertenecen a esta era de plástica musical, la que forzosamente nos deja vacíos. Hace falta gente sensible como Luis Miguel y tú —le digo— son dos artistas capaces de despertar toda gama de sensibilidades.

«Sí, aún queda Luis Miguel —se excluye para decirnos— ámense, enamórense y extráñense. Igual que tú un día me creíste, a tus veinte años, cuando te dije con la canción de Manzanero: *Te extraño* —canta un pedacito de la letra y luego advierte: Pero ojo, a Luis Miguel hay que cuidarlo».

Me rompió el corazón con sus palabras. Me quedé quieta y en silencio por sentirlo vencido, acabado, tomando de su copa. Entonces me asaltó un presentimiento: Luis Miguel podría llegar a estar en su lugar.

El propio José José lo dijo, don Pedro le ha legado el sitio. Luis Miguel no lo necesita, tiene el suyo, sin embargo, tanta admiración y cariño expresados por él, lo enaltecen. Es como su espejo, su obsesión: Cuídenlo, quiéranlo, no lo destruyan.

Y bien que lo entiendo, aunque fue crudamente criticado en la reciente convención de Ariola, disquera a la que pertenece y donde ante altos ejecutivos de esa empresa, que se reunían para celebrarlo a él, a su artista de lujo; tuvo a bien levantar su copa —de por sí ya servido— para brindar por el único, por el más valioso. «Los demás —dijo sin pena— estamos rucos, démosle el paso a la juventud» —mientras se revolvían nerviosos en sus asientos Rocío Durcal y Camilo Sesto, entre muchos otros. Honestamente, yo lo tomé como un voto de calidad al artista, no a WEA (compañía que representa a Luis Miguel).

Otra de las personalidades del medio que ha exteriorizado en forma emotiva su cariño hacia él, fue Peque Rossino —en un tiempo su arreglista y pieza importante en su carrera. «Yo daría mi tiempo por Micky, no por Luis Miguel... Pero tal parece que no sabe que aún hay gente que lo quiere por él y no porque representa un negocio. Es más —aclara— a mí no me interesa trabajar con Luis Miguel, no soy joven, ni podría estar de nueva cuenta en el escenario dirigiendo el tipo de música que ahora interpreta. Ya no es mi campo, tengo mi carrera aparte. Pero me molesta que ni como amigo, que lo fui de su padre y de él, se pueda mantener en contacto. Y expresa verdaderamente indignado: «¿Sabes que cuando su padre murió y le hablé para darle el pésame, me lo negaron? Mi ciclo con él como profesional se cubrió. Cierto, pero ¿quién determina cuándo acaba tu ciclo en tu relación como ser humano?».

¿Quién ha levantado esa muralla, quién pone las barreras infranqueables para llegar a él, acaso el propio Luis Miguel? ¿La gente que lo representa? ¿No fue desterrado su propio padre? ¿Realmente su hermano Alejandro se siente parte de él?

Luis Rey murió en España, lejos de su primogénito. Se trasladó allá a raíz de los conflictos laborales que acabaron de destruir la relación padre-hijo. Se fue con el sentimiento de impotencia por perder —hasta que se rompió el hilo— el control total sobre la carrera de un negocio tan grande como lo es Luis Miguel. Nunca le pareció justo que, siendo su descubridor, el que en verdad había conseguido encumbrarlo, no permaneciera eternamente a su lado como un esclavo.

Estando allá, sin más reflejo que el suyo, —había perdido el brillo desde antes de encender la luz fulgurante de la carrera de su hijo— no soportó mucho tiempo el vivir en la normalidad, algo que para él significaba permanecer en las tinieblas, y comenzó a beber. Ya lo hacía, pero no de una manera exagerada —según la apreciación de los que lo acompañaron en sus últimos momentos. Al poco tiempo murió. Dicen, debido a un infarto a los 47 años.

El destino quiso que Luis Miguel, por estar cumpliendo una gira muy extensa, no pudiera llegar a tiempo a su lecho de muerte. Y lloró, lloró como un niño abrazado al cuerpo de su padre, sin que hubiera podido escuchar sus últimas palabras, un te quiero, un perdón, algo que lo consolara de esa pérdida irreparable. Después de todo fue y seguirá siendo su padre.

Le queda Alejandro, quien siendo el segundo de los hijos, vivió en un tiempo a la sombra del hermano. Poco después del divorcio de sus padres se fue al extranjero a estudiar la carrera de edición, en San Diego. Luego actuación e iluminación, en Boston, para estudiar más tarde cinematografía en la UCLA de Los Ángeles, California. Su proyecto, hacer cine. En esta ciudad fue donde vivió su etapa de «destrampe». Lo tenía todo, y se daba el lujo de rentar un *porsche*, dejándolo tirado en la calle cuando se aburría. De alguna manera era la manifestación de sentirse opacado por la imagen de un padre y un hermano conocidos.

Luego, vino a vivir con Luis Miguel y los dos compartieron el *penthouse*, aunque a veces se miraran como dos extraños: «La relación de antes y de ahora, no ha cambiado mucho —confesó Ale a *T. V. Novelas*. Antes éramos pequeños y no pensábamos racionalmente. Siempre ha sido igual... un dilema. Es un poquito difícil tener contacto como hermanos normales y esto empezó... desde que empezó. ¡Claro está...!, con sus viajes, conciertos. Sin embargo, en estos momentos estamos juntos y llevamos una hermandad y amistad muy grande, además ¡soy el único familiar que vive con él!».

Luis Miguel externó su opinión sobre Alejandro: «Mi hermano es divino, es un muchacho maravilloso, y yo, imagínate cómo lo quiero —pero no se contuvo de hablar claro, sobre lo que le preocupa de él. Se sentía como su padre.

Lo que no acepto, es que es muy flojo y eso está muy mal. Yo se lo he dicho, aunque ahora que ya es adulto, como que está agarrando la onda y se está dando cuenta de lo que tiene que hacer, —y lo ventanea—. Le cuesta trabajo levantarse temprano para ir a estudiar, pero, vamos, se debe tener aunque sea un poco de ambición en la vida».

Ale ha dicho: «Hay momentos en que he sentido que se comporta como si fuera mi padre. Hemos tenido que aclarar esta situación, porque únicamente es mayor que yo, por dos años y medio. No es para que se comporte de esa manera. Todo lo que me dice, lo tomo como consejo, pero no tengo que verlo como una obligación».

Y es que a pesar de su juventud, Luis Miguel siempre ha mostrado una madurez y un sentido común admirables en cuanto a su concepto de la familia. Tal vez porque sufrió en carne viva la experiencia de una desintegración de sus miembros provocada por el divorcio de sus padres. Lo reflejó con mucha claridad, cuando le pregunté en 1989, si lo ocurrido con sus padres lo había vuelto un ser inseguro y con miedo a enfrentar una relación de pareja: «No, ¡al contrario! —aceptó tajante, con coraje—, lo que sucedió con mis padres me va a servir para no cometer el mismo error. No me gustaría que mis hijos vivieran este tipo de situaciones, —con dolor— los errores son incurables, irreversibles».

De alguna manera el miedo a comprometerse en el amor, a no cometer errores, lo ha llevado a huir de este sentimiento cuando se siente atrapado. Cuando se da cuenta que empieza a ceder, a estar vulnerable. Vuelve a salir a la luz el nombre de Mariana Yazbek, la mujer que a mi gusto, por el tiempo que duraron, lo conoció más íntima e íntegramente, la que lo enseñó a vivir sin prisa, de forma relajada, para luego salir de su vida, sin una respuesta exacta del por qué había acabado siendo repudiada por el cantante.

La conocí en una sesión de fotografías, y aunque ella sigue recelosa por cómo la trató la prensa cuando terminó su relación con el artista, pues la hicieron «papilla», de antemano le agradezco su confianza por creer en mí y explicar —sin quitar yo una coma— lo que en su opinión sucedió con ese amor que finalmente abortó.

—Mira, yo estoy hasta la madre de que la gente hable y hable. Sólo puedo decirte que con la única persona que me he sentido plenamente feliz, ha sido con Luis Miguel. Fue muy natural, muy intensa. Y me duele muchísimo que tanta gente se haya metido en lo nuestro, que se hayan atrevido a decir que yo utilicé esa relación para hacerme publicidad. ¡Por favor! Además, caray, eso fue hace cinco años y todavía se sigue hablando, ¿por qué...? No me importa. Lo único que sé es que para mí, esa relación vivirá dentro de mí siempre. Siempre me va a importar lo que él haga, lo que le pase, lo que deje de hacer. Siempre voy a estar pendiente de él. Y aunque yo me case y me enamore de otro cuate, Luis Miguel no dejará de ser importante en mi vida.

—¿Ha sido tu gran amor? —pregunté.

—Sí, así lo creo.

—¿Aceptarías hablar de esa impotencia que te dejó al cortar de una manera tan inexplicable... o es un tema tabú?

—Eso es lo que más me ha dolido de todo. Yo creo que cuando has construido algo con una persona y lo has hecho con sentimientos, porque mi mundo se rige por ellos... no soportas que lleguen tres o cuatro imbéciles a quitarte del camino, porque no le conviene por su carrera, porque el dinero, porque bla, bla... Sin ni siquiera tener yo el poder para defenderme de todas esas calumnias que levantaron para separarnos, —señala tajante—. Y sí, impotencia es la palabra que siento por todo eso.

—Y, ¿de los recuerdos bonitos? —corto un poco el tema para que Mariana tenga un respiro.

—La forma en que él me demostró que se sentía feliz conmigo... la forma en que él buscaba que yo también lo estuviera. Fueron muchos momentos, muchos...

—Sería quizá porque le demostraste que no ibas tras el personaje, o porque lograste desnudarlo, quitándole el caparazón para llegar a lo más profundo de su ser creando un ambiente idóneo para que todo entre ustedes fuera de lo más natural...

—Es que detrás del «personaje», como tú dices, hubo muchas realidades, cosas muy humanas que de pronto nadie cree y eso es muy triste. Todo mundo lo ve como un ser omnipotente, feliz, realizado y es muy difícil que la gente entienda que muchas veces no es así.

—¿Crees que ha cambiado tanto, como para ser otro?

—En muchos sentidos sí. Quizá en otros no. Ha madurado, pero sigue siendo radical... o tal vez ahora se esté dejando ser más él, aunque no creo que haya eliminado del todo a esas treinta cabezas que constantemente le están diciendo: Haz esto, haz lo otro, esto es así, no así... Pero bueno, ¿qué quieres que te diga? No he podido hablar con él, no sé cómo piensa. Sólo sé, presiento, que está tratando de hacer algo por su salud. Yo le deseo lo mejor. Que se case con una mujer que realmente lo quiera, que lo merezca.

—Si fue tu gran amor, ¿por qué no te atreviste a tener un hijo de él...? Todas lo desean, tú tuviste la oportunidad...

Categórica:

—Porque mi gran amor por él no tenía nada que ver con el gran amor que se puede sentir por un hijo y la relación de nosotros no había crecido lo suficiente para dar un paso así. Tenerlo por tener un hijo de Luis Miguel, no, definitivamente no.

—¿Quizá con la posibilidad de un reencuentro?

—No, no ceo que se dé. A veces lo que duele es más fácil evitarlo que enfrentarlo, y para mí eso es lo más difícil, volver al pasado es volver a sufrir. Es más —puntualizó— es el único tema que me acobarda.

Culpable o no. Quizá la nueva canción de *Solo*, de la nueva producción de Aries, es la que podría reflejar esta historia de amor que acabó con un final impregnado de melancolía.

También saldría de la vida de Luis Miguel el *Doc*, quien fungía como médico de cabecera, el que hablara con Mariana cuando estuvo internado en un hospital, y le reclamara a ella violentamente que ya le había hecho mucho daño al artista y no tenía nada que hablar con él.

El actual grupo de personas que se dedica a cuidar la carrera de Luis Miguel, es sin duda muy numeroso. Los familiares que lo rodeaban han hecho su vida aparte. Marcela Basteri vive en Italia. (Recuerden que eso es lo que se decía en aquel entonces). Alejandro lo ve esporádicamente. Sergio su hermano menor, de diez años, hoy bajo la tutela de un hermano de Luis Rey, a raíz de la muerte reciente de la abuela paterna, dio la sorpresa hace dos meses al aparecer en una emisión española cantando flamenco como lo hiciera en principio Luis Miguel. Dato curioso, éste poco o nada habla de Sergio.

Poco afecto, pero el éxito le ha traído dinero a manos llenas. ¿A qué hombre de 23 años no le seduciría la idea de ser apuesto, deseado, tener todos los lujos, mujeres rendidas por sus encantos, además de contar con el reconocimiento del público por su talento, por esa imagen agigantada en el escenario?

Su cuenta bancaria es tan abultada que si decidiera dejar de trabajar y se retirara, no sólo podría asegurar un comodísimo futuro para él y su grupo, podría cubrir hasta las necesidades más extravagantes de sus posibles descendientes y dejarles además una jugosa herencia. Díganme si no. Al firmar nuevo contrato con su misma disquera, recibió la poco despreciable cantidad de 17 millones de dólares. Es el artista latino mejor cotizado de los últimos tiempos.

Luciendo sus camisas de 6 millones de viejos pesos.

Ni hablar de los reportajes que ya se han hecho de su mansión en Acapulco, donde en verdad descansa olvidándose del mundo. Buscó el paraíso más privado e íntimo, alejado totalmente del público y la prensa, ubicado en un exclusivo conjunto de seis residencias, muy cerca de Las Brisas. Su estilo es mediterráneo, con todas las comodidades, pero más que nada, son cuatro paredes que se han convertido ¿en cálido refugio o en reclusorio? Precisamente en este puerto es donde se ve seguido a Luis Miguel, sobre todo en algunas discotecas acompañado de mujeres bonitas, pero sin «gancho», no logran interesarlo por mucho tiempo. Podría mencionarse a la actriz Kate del Castillo, como una de ellas, la que por cierto —cuando tocó su turno— no disimuló la emoción que le causó verse relacionada con el hombre más codiciado de México y sus alrededores.

Se conocieron —dicen— cuando ella viajó a Acapulco para grabar algunas escenas de la aberrante telenovela *Mágica Juventud,* el guion más churrero de la televisión en los últimos tiempos, además de haber sido protagonizado por pésimos actores de la llamada nueva camada. ¡Qué horror! En fin, que luego de una tediosa jornada de trabajo, un grupo de amigos y Kate fueron a bailar a una discoteca donde se encontró con el cantante: «Me invitó a bailar una pieza» —aclaró. Otros, aseguran que los vieron llegar juntos... ¿será? Lo único cierto es que ella tuvo que aceptar finalmente que su encuentro con Luis Miguel, aunque afortunado, no llenó más que algunas pequeñas notas en revistas que sólo mencionaban un romance de vacaciones.

Vamos, ya ni siquiera la supuesta novia oficial, al menos la más mentada de su lista, podría cantar victoria en este torneo donde todas participan para ganar su amor. Me refiero, por supuesto, a Érika Camil, la mujer sin rostro —muchos no la conocen. Yo digo la indescifrable, es de esas mujeres que no logran impactar con su rostro. Los vi en un restaurante a los dos. Podría decir que juntos, pero no revueltos. Él traía una cara de agrura, como si estuviera molesto, y ella se dedicó a pegarle con el puño cerrado en la espalda, como diciendo: Pélame, ¿no? De hecho, en las fiestas que organiza Luis Miguel en Acapulco, no se le ve con él... Su vida sentimental sigue siendo un enigma.

Lo único cierto, es que Luis Miguel está más solo que nunca. La muerte de su padre lo afectó terriblemente. Pocas personas ahora, están en verdad cerca de él y lo procuran. Su faceta de ermitaño inicia cuando baja del escenario, su única fuente de vida. Pero es y seguirá siendo el cantante más completo de México, orgullosamente, en el extranjero.

Aries, el único hijo que reconoce, no en vano fue el productor del mismo, es el regalo más reciente de su carrera discográfica. En él se siente la pasión y entrega de todo un ídolo. Su interpretación es como un grito desgarrador de: «Aquí estoy y exitoso... ¿hasta cuándo?». En su presentación lo dijo muy claro: «Al momento de interpretar mis canciones, siento tantas cosas que quisiera entregarme por completo. Es cuando uno no piensa y se deja llevar por su sensibilidad, porque nunca se sabe cuánto tiempo más nos dure la vida... Sin embargo, trato de cuidarme lo más posible».

Por último, habló de su padre reflejando una gran tristeza en su rostro. Era el último tributo que rendía al gran profesional que lo encumbró: «Su muerte fue muy dura para mí, —hizo una pausa para tragar saliva y continuó— volé a Barcelona para acompañarlo a su última morada... Luego viajé a Argentina como si nada hubiera sucedido».

Se disculpa: «Él me enseñó a ser así. En vida me dijo que tenía que respetar al público, y que si yo pasaba por problemas, me sobrepusiera, sin que mi público saliera afectado. A la gente hay que cumplirle, y eso me quedó muy claro».

Muchos lo tachan de ambicioso, de haber perdido la proporción de lo que se paga por tener dinero. Sin embargo, Luis Miguel ha sabido ser un artista humano. No le gusta publicitarse, de hecho, poco se sabe de su labor altruista cuando ha cantado en beneficio de diversas instituciones de ayuda humanitaria: «Creo que si uno tiene facultades que no cualquiera posee, existe la obligación de hacer algo por los demás y así devolver en parte lo que el público nos ha otorgado».

Alguien le preguntó —quizá no con muy buena intención— si se siente un ejemplo para la juventud. Luis Miguel sencillamente respondió: «No sé si soy buen ejemplo para alguien, pero me siento muy satisfecho con mi vida, porque sólo yo sé las consecuencias que han tenido mis decisiones».

¿Traumas...? «Claro que sí —ha confesado—. Llevo un gran peso encima con respecto a mi desunión familiar, y lo admito, porque es de hombres aceptar la verdad. Si vivo esta tristeza, es porque a lo largo de mi vida me han ocurrido muchas cosas. Entiendo ahora que no se puede tener todo en la vida... Indirectamente mi carrera ha tenido culpa de esto».

1987

Luis Miguel... un solitario.

1988

1990

Ayer y hoy... ¿cuántos en verdad podrían amarlo?

1991

Creo que Luis Miguel, como lo dije al principio, siendo un ser humano inteligente, terriblemente sensible, así como dolorosamente dañado, ha sido el primero en aceptar siempre que aun teniéndolo todo aparentemente, le falta algo que no ha podido comprar, la felicidad. Él no escogió su destino evidentemente, y quizá tampoco lo hubiera podido cambiar: «De haber sabido que iba a perder cosas tan importantes en mi vida, por dedicarme a ser artista, quizá hoy mismo no existiría Luis Miguel».

Luis Miguel existe, no ha muerto y es una realidad. Desprotegido ahora en lo profesional debido a la muerte de Hugo López su *manager* y segundo padre, no se sabe aún quién lo reemplazará. A mí sólo me resta cuestionar: ¿Quién podría cuidarlo como dijo José José y amarlo íntegramente como ser humano, sin verse seducido endemoniadamente por el personaje?

«Fin del libro *El gran solitario* escrito en 1994»

PARTE III

Luis Miguel: el antes y el después

Luis Miguel y sus amores fugaces

El antes y el después de Luis Miguel ha resultado muy notorio. Justo en la época en que nos topamos en aquel juzgado, gozaba a plenitud de ese arrastre impresionante que tenía con las mujeres, era dueño y señor de un lugar privilegiado dentro del ámbito musical, había lanzado su *Segundo Romance* —producido por Juan Carlos Calderón, Kiko Cibrian y Armando Manzanero—, brillaba con toda intensidad y hasta se le veía feliz al llamado *Solecito* presentando sus conciertos por América Latina y Estados Unidos. Era un éxito total, grabó un dueto junto a Frank Sinatra.

Año glorioso por todos los reconocimientos musicales que recibió como el premio «Grammy» por el mejor álbum de pop latino. Temas como *El día que me quieras* y *La media vuelta* alcanzaban el primer lugar en la lista *Billboard hot songs* en los Estados Unidos y el *angelito* vendía millones de copias de discos, pero fecha, también, en que se incrementó el rumor de que el ídolo de multitudes había muerto y que a quien veíamos en sus shows, era un doble. Llegó a decirse, incluso, que había fallecido esquiando en la nieve, cuando en realidad pudo haber muerto realmente de otra cosa. Yo digo que su serie y un libro titulado *Luis Miguel, solo para adultos* apenas se estarían acercando a lo que ha sido su vida ¡inocente de mí!, yo evitando tocar temas escabrosos para no herirlo.

Luis Miguel se ocupaba de hacer más extensa la lista de sus romances, ríos de tinta corrieron cuando coincidió con Sofía Vergara en Viña del Mar convirtiéndose en el objeto de atención de reporteros y fotógrafos, ahí es cuando la colombiana atrae los reflectores de los medios nacionales e internacionales. Si bien formaban una pareja bonita, nada los uniría en lo personal por mucho tiempo, ambos andaban en búsqueda de grandes retos profesionales, más que sentimentales.

De la Sofía Vergara del año 1994, a la Sofía Vergara de hoy, hay un mar de diferencia: es una de las latinas más influyentes, una de las actrices mejor pagadas en la televisión estadounidense, de belleza espectacular y muy inteligente pues se ha sabido mantener vigente. Siendo honesta, no la veo interesada en salir fotografiada al lado de Luis Miguel, por más estima que le tenga, hay imágenes de «un antes y un después» que provocarían tristeza.

Tuve que observar de nueva cuenta el video del concierto en vivo de 1994 que dio en el Auditorio Nacional con un popurrí de sus éxitos, para poder rescatar visualmente al artista que era: vestido impecable, entero y cantando con esa voz extraordinaria y potente *Yo que no vivo sin ti, Culpable o no*, entregado a su público y su público a él.

Un artista con todas las ganas de conquistar los escenarios. Alguien que se sabía seductor y consciente de lo que provocaba. Y pues sí, me dio tristeza mirar a aquel cantante profesional y que valía peso por peso lo que costaba un boleto para ir a verlo, a ese Luis Miguel pleno de los 90s.

¿Cuándo fue que perdió el interés de mantener esa imagen? Todavía en el año 2005 a sus 35 años, lucía espectacular en el concierto que presentó en Chile con su tour *México en la Piel*. Mucho más maduro, ágil, vital, dueño del escenario, en actitud triunfadora y cantando eso que hoy parece ser una burla del destino *Todo comenzó muy bien, me amabas y yo era tu rey.*

Daisy Fuentes se había convertido en su «incondicional», a la cubana se le veía entrar y salir de su vida en calidad de paño de lágrimas. Romance que empezó en el 1995 y finalizó en el 1998 y del cual, Cristian Castro llegó a hacer referencia, cuando en lucha amorosa perdió frente a Luis Miguel: «Compartimos esa mujer tan bonita. Fue un momento difícil, ella me dejó porque yo no podía darle los lujos que tanto aspiraba». ¡Quién lo iba a decir! Finalmente ella terminaría siendo desplazada por Mariah Carey, con quien el ídolo se mantuvo firme hasta el año 2001, siendo que con ella sí se dejaba captar en actitud amorosa, pues a él, no a ella, convenía que los reflectores de Hollywood apuntaran sobre la pareja.

Nunca tan a gusto con una mujer —no guapa, pero sí talentosa, una verdadera celebridad dentro de la música— basta con observarlos y compararla con cualquier otra imagen de sus romances, para entender por qué me atrevo a afirmarlo. La mujer le encantaba y le convenía, de hecho no se conocieron en algún evento de la alfombra roja, sucedió porque así lo planearon unos agentes inmobiliarios amigos de la cantante. Cuentan que la citaron para ofrecerle una fiesta donde el invitado de honor sería Luis Miguel llevado por su ego, ya que le habían advertido que Mariah deseaba conocerlo.

La atracción sexual entre ambos fue inevitable, lo proyectaban abiertamente y sin ningún recelo. Ella sí apostó por esa relación y se enamoró creyéndose el cuento del príncipe latino, aceptó, incluso, públicamente, que esa relación la hacía feliz y hasta dejaba ver su admiración por él, declarando que había muchos artistas cantando en inglés, pero que Luis Miguel no se dejaba llevar por el momento de esa moda. «Él no canta en inglés —dijo—, es el cantante latino número uno».

Tajante y reservado con su vida sentimental, muy a su manera Luis Miguel expresó lo que sentía por Carey en una rueda de prensa, donde lo presionaron para que la mencionara, siendo una periodista española quien lo cuestionó: «¿Hay la posibilidad de que cantes a dúo con Mariah Carey? Sería una buena combinación, ¿no te parece?». A lo que él respondió: «Es una muy buena combinación, pero no mezclo lo personal con lo profesional...». Alguien por ahí se refirió a ella como su novia, pero el príncipe latino, convertido en un verdadero sapo, la negó: «¿Dijiste novia? Esa palabra no existe en mi vocabulario y eso de matrimonio e hijo, no va conmigo, solo deseo una pareja con la cual llegue a identificarme».

Insisto. ¿Mujeres?, muchas, ¿bellas?, la mayoría, ¿alguna que él sintiera que estaba a la altura de su vida?, la Carey... Así lo expresó cuando su romance iba viento en popa: «Es muy bonito admirar a alguien que está contigo, ¡eso sí es una belleza!». Lo cierto es que poco después rompió con ella y de una manera muy poco caballerosa, provocándole una fuerte depresión, al grado de tener que ingresar en una clínica para ser atendida por su estado emocional.

La manera tan abrupta en que la sacó de su vida trajo como consecuencia que la Carey decidiera negar públicamente que hubiese sostenido un romance con ese fulano que no conocía. De hecho, rompió todas las fotografías y objetos que se lo recordaban.

En el año 2003 fue que Luis Miguel se involucró sentimentalmente con la periodista y conductora Myrka Dellanos, a quien terminó luego de un tiempo al descubrir que era capaz de avisar a la prensa para lograr ser captada *infraganti* la parejita en diferentes lugares.

En la primera entrevista que Mirka realizó en España a Luis Miguel, se observa a la conductora insinuante, mientras a él, se le ve respondiendo encantado a todas sus preguntas, incluyendo, a las que tenían que ver con Mariah Carey, novia en turno y con quien todavía se dejaba ver el cantante.

Nada tonta, la periodista sacó a colación lo dicho por el intérprete en una rueda de prensa ofrecida en España, donde había asegurado que no existía en su vocabulario la palabra noviazgo, ni matrimonio, ni hijos. Con amplia sonrisa le advirtió: «Lo del matrimonio nunca me ha pasado por la cabeza, pero a ti —le advierte a la entrevistadora— se te nota que estás comprometida sentimentalmente, eso se ve en tu cara... yo no descarto eso, pero no ahora».

Somos expertas en el arte de pinchar para sacar hebra cuando nos interesa saber cómo va la relación del hombre que anda con otra, pero nos interesa. Y si hay que acudir al disimulo por tratarse de un trabajo periodístico tal como lo estaba haciendo Mirka, ¡mucho mejor! De nueva cuenta lo interrogó sobre la posibilidad de que Mariah y él grabaran juntos. Y de nueva cuenta buscando salirse por la tangente, dando por hecho que estaban juntos, pero que no la veía como prospecto para hacer un dueto con ella.

Ahí ya se estaba cocinando algo a futuro; como mujer, la periodista estaba en su mejor momento, lucía delgada, de rostro anguloso pero bello, dispuesta, y complacida por todas las respuestas que le estaba dando su entrevistado. Sobre todo feliz por la señal inequívoca de que podía llegar a ser la siguiente en turno. Y digo en turno, porque solo la inmadurez y la excesiva candidez inaceptable en una persona de la edad de Mirka pudo haberla llevado a creerse única e irremplazable en el corazón del soltero más codiciado de aquellos tiempos.

¿En algún momento la tomó en serio? Supongo que algo de satisfacción debe haber sentido cuando Luis Miguel aceptó ante Jacobo Zabludovsky «que tenía novia y estaba en una relación muy bonita». Me pregunto si se refería a ella, porque no mencionó su nombre o se refería a cualquier otra que lo estuviera esperando en su cama. Perdón, pero es a la conclusión que uno llega sabiendo que Luis Miguel se la pasaba engañándola con modelos y actrices. Y tan fue así, que en el mes de junio del 2005 Mirka aceptó en entrevista que su rompimiento era inminente.

Ella fue la que lo decidió. Y aunque hubo el intento de una dulce reconciliación, Dellanos fue tajante. ¿Adiós a los viajes, las cenas, a ese cuento de ensueño que llegó a deslumbrarla por completo y a descuidar su trabajo? Se concretó a decir que había vivido cosas más fuertes que eso, dio vuelta a la página olvidándose del personaje que sedujo y la sedujo durante una entrevista en Acapulco... Lo que pasa en Las Vegas se queda en las Vegas, lo que ocurre en Acapulco siempre trasciende.

Ahí mismo ocurrió el chispazo entre Luis Miguel y Aracely Arámbula... En tierra caliente, en el paraíso de Acapulco. Digo, para no perder la costumbre fue ahí donde la rubia actriz y futura madre de sus hijos llegó al festejo del cantante ¿No fue en ese lugar donde anduvieron paseando Mirka y el *Solecito*? Para el año 2005 ya se le estaban agotando las ideas, los detalles únicos y originales para conquistar a la pareja entrante.

Se repetía en métodos muy gastados, otra vez en la ciudad de Miami, pero ahora acompañado de Aracely tal como se ve en las imágenes que publicó la revista española *10 minutos* para dar la noticia de ese romance en puerta. Para ser exacta, muy poco tiempo después de haber tronado con la periodista. ¿Sí me doy a entender? Aquellos rumores que corrían como reguero de pólvora de que su gusto por las modelos y las actrices estaba fracturando su relación con la conocida comunicadora, eran la verdad.

Fortuna era lo que la vida daba a manos llenas al soltero más codiciado: en forma, de piel bronceada, se le veía atendiendo a la rubia como si fuera una princesa, a quien más le duró el gusto y la elegida para convertirlo en padre. Algo habrá visto en ella que no descubrió en otras... De esa relación se dijeron muchas cosas, como la existencia de un contrato firmado por ellos para procrear tres hijos: Miguel, el primer hijo reconocido, y dos años después, cuando ya corrían fuertes rumores de un distanciamiento de la pareja, nace Daniel.

Del mentado contrato y sus cláusulas donde Luis Miguel Gallego Basteri estaba obligado a pagar 50 mil dólares a la actriz por cada hijo que tuvieran en común, no hay indicios. Sólo la certeza de que no ha mostrado un gran interés por dejarse ver con sus herederos. ¿Curioso, no? En la entrevista que yo le hice en el 89, sí se veía formando una familia, pero negándose a repetir el mismo esquema de sus padres. Al menos esto era lo que proyectaba en la imagen que la revista *Hola* publicó de la pareja cuando se dejaron fotografiar con su primogénito.

Sencillamente espectacular y conmovedora la fotografía donde a la actriz se le ve lactando a su bebé mientras Luis Miguel los mira con ternura. ¿En qué momento decide poner distancia con sus hijos? ¿No dicen por ahí que la paternidad de Miguel y Daniel pesó en su ánimo para buscar un acercamiento con su hija Michelle, procreada con Stephanie Salas, a quien ya reconoció y dio su apellido?

Como el artista sigue sin dar color, sin dar su propia versión de los hechos sobre el tema de su paternidad, ¡que ruede el mundo! La versión de la Chule va tomando forma y color, cada que puede dejar escapar cierta información: el intérprete sigue sin ocuparse de sus hijos como debe, los conoce muy poco o casi nada sabe de sus pequeños porque no hay convivencia. Y aunque sí reciben pensión para llevar una vida holgada y cómoda, cuentan que Miguel y Daniel, sí han resentido y mucho, la ausencia de su padre.

Miguel ya tiene 11 años. Cuando Michelle tenía cinco años, Luis Miguel eligió a la revista *Caras* de Argentina para responder sobre el tema de esa paternidad, negando tajante que fuera su hija, argumentando que, cuando ocurriera algo tan importante como tener una mujer o un hijo no iba a tener que ocultarlo. Sobre el tipo de relación que dijo haber sostenido con Stephanie Salas, la minimizó para no dar entrada a las dudas, pues aseguró que «se conocían desde pequeños, que sus papás siempre la llevaban cuando iban de vacaciones a algún lado cuando los dos andaban por los dieciséis años, pero que solo eran amigos».

Ese tipo de amistad tuvo consecuencias, en *El gran solitario* di por hecho que era su hija y no me equivoqué, ni mentí. Por lo mismo, en la entrevista de *Caras* y al preguntarle a Luis Miguel por qué razón creía que yo afirmaba tal hecho, esto respondió: «A Claudia la conocí en el año 89 en un reportaje, cuando yo tenía 20 años, pero no sé qué la motivó a hacerlo, la verdad es que no lo sé. La imagen que tengo de ella es de una periodista que pidió hacer una nota a la compañía disquera, me la hizo y ya. Sé del libro y el despacho de mis abogados ya presentó la demanda, pues es algo que no autoricé. Se está utilizando mi nombre y por eso hice un reclamo legal».

El tiempo me daría la razón, nunca puse en duda que fuera padre de Michelle por el gran parecido, aun así, Stephanie se me fue a la yugular creyéndome su detractora y hasta llegó a decir que «yo había tenido sueños húmedos con el artista». ¿No fue que nació su hija de sueños y noches húmedas con él, teniendo como marco romántico las playas de Ixtapa? Ella sí deseaba quedar embarazada y lo consiguió convirtiéndolo en papá a una edad en la que al ídolo no le convenía adquirir ese tipo de responsabilidades, esa es la verdad, ya que en aquella entrevista que le hice no se veía enfrentando una situación tan compleja y delicada.

Fue muy claro conmigo al asegurarme que la experiencia de ser papá no entraba en sus planes siendo tan joven, que sí quería vivirla por ahí de los treinta y seis o los treinta y ocho años. Deseaba sentirse maduro porque no quería repetir la conducta de sus padres. Años después, a mediados de los noventa, se notaba más abierto a esa posibilidad: «Sí he soñado con tener hijos —dijo a la revista *Caras*—. Me encantan los niños, vieras cómo la paso con mi hermanito chico. Salimos, viajamos, le compro lo que quiere, después de todo se lo merece porque saca buenas calificaciones. Sí, sí me gustaría mucho tener hijos».

¿Qué pasó entonces cuando los tuvo con Aracely a una edad supuestamente madura y plenamente consciente? Recordé esa escena donde se le veía feliz, emocionado, abierto a compartir con los medios y sus fans la mejor noticia que había recibido en el mes de abril y justo el día de su cumpleaños. La *Chule* anunciaba su embarazo: «Fue un momento mágico y muy especial, me siento muy contento, con gran energía, estoy disfrutando mucho esta etapa de mi vida... Fue un regalazo, es niño y se llamará Miguel». Se le percibía orgulloso, tanto, que al preguntarle un reportero por su hija Michelle, sin perder la sonrisa respondió: «Te agradezco que me lo cuestiones, es una muy buena pregunta, no me la esperaba, ¡es muy sutil!» —ironizó.

A partir de la transmisión de su serie, veo conveniente recordar lo que dijo ese día sobre sus padres: «Yo tuve mucho amor por parte de mis padres, y eso es algo que lo va a tener de sobra este bebé». Y sobre una posible boda con Aracely, fue mesurado, dijo estar enfocado en lo que era la familia que se supone estaban formando. En noviembre del 2006 la hija no reconocida del cantante declaraba a la revista *Quién*: «Soy hija de Luis Miguel, ¡no se traumen!». El primer traumado, obviamente fue él, su hija de 16 años daba santo y seña de ese vínculo que los unía. «No quiero que me compadezcan por ser una hija no reconocida cuando él sabe que existo. Yo tenía 3 años cuando me enteré de esto, pero a esa edad no comprendes muchas cosas. Recuerdo que mi mamá me decía: "Vas a ir a casa de tu papá" o "Mira lo que te mandó tu papá"».

Michelle experimentó su ausencia a la edad de 6 años, tiempo en que llegó a escuchar versiones encontradas sobre esa situación en boca de Stephanie, en boca de su abuela Silvia Pasquel, cosa que la frustraba. Amigas de la adolescente llegaron a sugerirle ir en su búsqueda a un concierto y enfrentarlo, pero fue rotunda al referirse a un encuentro de esta naturaleza: «Yo no pagaría ni un peso por irlo a ver en concierto. No soy fan de Luis Miguel, lo veo de manera diferente».

«Puede ser que haya gente que esté dispuesta a pagar miles de pesos y a formar fila para presenciar una de sus shows, jamás lo haré. No sé mucho de él, solo que ha salido con la mitad de las mujeres de México, de América y Europa, de algunas de sus novias he dicho ¡mis respetos! Y de otras me pregunto ¿cómo puede ser? Mirka Dellanos me parece que estaba guapa y que es una mujer inteligente, lo malo es que tenía una hija».

«De Aracely Arámbula digamos que no ha sido de las mejores. —Y señaló con desdén—: Sé que salió en la telenovela «Amigas y Rivales» y no tengo ganas de conocerla». Tiempo al tiempo, muy pronto se les vería convivir sin ningún problema, al menos por parte de la actriz a quien llegaron a atribuir el milagro de que, Michelle tuviera un acercamiento con su padre.

Y de hecho, él venía ya dando muestras de su interés por el reencuentro con su primogénita. Desde el momento en que llegué a ver a su hermano Alejandro y a Michelle en varios eventos juntos, supuse lo que estaba por venir con ese anuncio sutil y a partir de lo que había provocado en el cantante las incendiarias declaraciones que la jovencita había hecho en una revista desenmascarándolo: «Le pido que reflexione, que así como se siente él con lo que le hizo su padre, hay gente a su alrededor. Sólo le pido 5 minutos para que me explique sus razones. Me la he pasado escuchando las distintas versiones que hay de mi mamá o de mi abuela, y eso me frustra. Él nunca ha querido aceptar su paternidad, ¡por favor! Claro que sabe que existo, sé que yo no debería estar diciendo esto, pero al menos sí tengo pantalones para hacerlo ¡y mira que soy más chica...!». Nadie se lo imagina, nadie lo tiene claro, allegados a él cuentan que leyó más de tres veces las declaraciones de su hija.

Lo demás, ya se sabe, se han difundido hasta el cansancio las primeras imágenes donde se ve coincidir a padre e hija, sobre todo en escenarios paradisíacos dándose la gran vida en yates y en cenas aparentemente privadas que han trascendido a lo público. Aplaudo el acercamiento y el reconocimiento consanguíneo que los une, de hija oculta, rechazada, Michelle pasó a ser la hija cercana, consentida que goza de las atenciones y privilegios que se les ha negado ahora a los hijos anunciados y reconocidos de Luis Miguel.

Si eventualmente ella ha sido parte de la vida de estos pequeños y es prácticamente la única conexión que tienen con su famoso papá, la verdad es que no hay fotografías que lo confirmen. Miguel y Daniel, tienen como única familia a la de Aracely y como figura paterna la de su abuelo y tío.

Una cosa es descubrir que no es la pareja correcta, otra muy distinta descubrir que no era la mujer con quien deseabas procrear dos hijos. La inmadurez de Luis Miguel en este sentido es sorprendente y, decepcionante, de preocupar y cuestionar, porque la actriz no se embarazó sola, pero sí ha tenido los tamaños para enfrentar la situación como madre soltera con hijos de padre conocido, que no reconoce ni asume sus propias decisiones.

Se explica la reacción que tuvo cuando supo que iba nacer Michelle, pero no a sus treinta y tantos años y menos, ese comportamiento rayando los cincuentas.

Aracely tuvo que acudir a una demanda para conseguir que se hiciera responsable económicamente de sus chamacos, hasta tuvo que romper con la relación sentimental que sostenía con el argentino Sebastián Rulli y aguantar que el actor lo anunciara en su cuenta de twitter, ¡sin decir agua va! A ella se le puede criticar de muchas cosas, pero como madre comprometida y amorosa solo ha buscado la estabilidad de sus hijos. Y lo digo, porque no les habla mal del padre y yo le creo, porque tampoco le ha importado confesar la triste situación de Miguel y Daniel en lo que toca a sus ausencias. Fíjense de qué fecha estamos hablando, año 2016, comparte con sus seguidores una taza decorada por ella y sus niños con este mensaje: «Eres el mejor papá del mundo cuando vas a visitarnos... Te quiero tanto, me encanta como cantas». Firmado por Daniel y Miguel.

Perdón, pero esa espera infantil no se compara, ni significa lo mismo que esa espera de modelos y actrices famosas y ansiosas dando vueltas afuera de su habitación para tomar turno y ser «amada» y poseída por el cantante. Y hasta las hay o las hubo que aseguran haberse negado al clásico acostón de una sola noche, para ser despedidas al día siguiente y sin ninguna contemplación. Anais, actual conductora de *Estrellas TV* dice que se negó a aceptar una invitación del cantante.

¿Qué ha dicho Luis Miguel sobre esos rechazos? En un programa de Argentina, advirtió que ninguna mujer se le ha negado: «No recuerdo haber tenido un "no"». Trae a mi recuerdo su interés por ligarse a Estefanía de Mónaco —año 1991— cuando trató de acercarse a ella en el festival de Acapulco y uno de los escoltas de la princesa, se lo impidió.

Lo de Alicia Machado sí es un caso para la araña: cuenta la venezolana que anduvieron seis u ocho meses sin que él la hubiera tocado, «porque eran muy jovencitos». ¡Vale reír! La lista es larga: Gabriela Sabatini, Genoveva Casanova —se dejaron ver juntos en España y en México—, Luciana Salazar, quien describió esa relación como fogosa y muy bueno el desempeño del ídolo en la cama. Adriana Fonseca, de quien se dijo que hubo un trío con él y Carmen Molero, Kanita Larrain —2010— modelo chilena, segura de haber durado con él un año de «noviazgo».

Luis Miguel —sólo para adultos—, ha venido en picada y no únicamente en su gusto por las mujeres que lo acompañan como Brittny Gastineau, la mejor amiga de Kim Kardashian, a quien dejó tirada un día cualquiera. La verdad sea dicha, fuera de la relación amorosa que sostuvo por dos años con Kasia Sowinska —una de las voces del coro y quien lo acompañó en sus conciertos del año 2013 al 2016—, su salto de cama con Dessiré Ortiz, terminó en que, «su «libretita» voló solita para ponerse al alcance del cantante Alejandro Fernández para que éste la rayara a su gusto».

El descuido físico evidente de Luis Miguel mostrado estos últimos años y razón por la cual fue objeto de críticas alusivas a su peso, al color naranja de su bronceado, a su corte de cabello, al nulo avance en su música, a su incapacidad para repetir un éxito radial en diez años y a lo desastrosas que resultaron sus presentaciones personales del año 2015, era apenas el sonido de alarma de algo grave ocurriéndole al cantante.

No conforme, sigue cancelando sus presentaciones por una razón o por otra: el 26 de mayo del 2018, dentro de su gira mundial «México por Siempre», solo ofreció 6 canciones y salió intempestivamente del recinto de Acapulco. Motivo por el cual se lo acabaron en redes sociales con un sinfín de críticas mordaces, apuntando a que su carrera estaba acabada: Luis Miguel había salido al escenario a las

21:25 horas y desapareció a las 21:46 cuando su público juraba que había salido ¡con todo! Y sí, con «todo» encima, incluyendo esos kilitos de más que no ha podido reducir. Dejemos al margen el tema de su aspecto físico, sus conflictos personales y adentrémonos a esa parte musical que pocos han analizado tan a detalle y escrupulosamente.

Luis Miguel, el cantante, el músico

Colaboración de Francisco Curi

Recuerdo que cuando este libro se editó por vez primera, en el año de 1994, el Ejército Zapatista de Liberación nacional (EZLN) propinaba el primer *reality check* del pulso nacional al entonces *rockstar* de la economía y la estabilidad macroeconómica, Carlos Salinas de Gortari. Más tarde, el asesinato del candidato a la presidencia del Partido Revolucionario Institucional (PRI), Luis Donaldo Colosio, colapsaba los medios de comunicación, con la única intermitencia de *Amor prohibido*, sencillo de la cantante tex-mex Selena que se dejaba escuchar en todas las estaciones de la radio; logro sólo desbancado por *La media vuelta* exitoso single extraído del *Segundo Romance* de Luis Miguel.

Sí, otro disco de boleros.

El lado B de sus inicios

La discografía de Luis Miguel en el contexto ochentero, prometía, sin el matiz de la modestia; por ejemplo, cuando grabó la compilación de covers *También es Rock* en 1983 bajo el contrato de grabaciones con EMI, parecía que la evolución musical en él sería insoslayable y natural; se trataba de un disco orientado en su mayoría a covers de Elvis Presley, quien terminaría siendo algo así como su guía vocal putativo en los inicios de su carrera; educación que se vuelve evidente en la canción *Baby I don't Care* justo cuando hacía los graves y lograba un vibrato similar al de El Rey del rock, efectos vocales que sólo resaltarían al principio de su carrera.

La versatilidad parecía una virtud congénita.

Luego, en 1985, dejaba constancia de su destreza internacional con *Collezione Privata*, álbum que destacaba por la adición del italiano al repertorio de *El Sol*, misma fórmula que aplicó al portugués con el disco *Meu Sonho Perdido*, también del 85, versión muy probablemente pensada para cautivar las audiencias brasileñas, sobre todo con el sencillo *Palabra de honor* y así incluir al país carioca en las giras de promoción en el futuro cercano.

Así fueron los ochenta de Luis Miguel, de una discografía abultada, giras interminables, políglota en un mundo donde la globalización era más bien un concepto futurista, excepto por el inglés. Cuando el artista cumplió 20 años, Warner Music Latinoamérica, creyó que el onomástico sería el nombre más adecuado para el disco con el que Luis Miguel recibiría el año de la última década del milenio, así, *20 años*, lanzado en mayo de 1990, además de romper récord de ventas en México en su primera semana de lanzamiento, según la propia página oficial de Luis Miguel, se convirtió en ícono de la cultura popular mexicana gracias a los temas *Entrégate* y *Tengo todo excepto a ti* de Juan Carlos Calderón (1938-2012), quien se consolidaba como productor de cabecera en el cuarto de guerra del cantante. En un intento por conquistar al público anglosajón, debuta en el Reino Unido y Estados Unidos con el sencillo *Before the down*, versión en inglés de *Entrégate*, consiguiendo poco o nada, pues de aquella versión no hay un mínimo rastro en las listas de popularidad de los países angloparlantes correspondientes al año de lanzamiento. Tras ese fracaso, no vuelve a versionar ninguno de sus temas en inglés.

Pero a pesar de su accidentado encuentro con el sajón, no titubeó en incursionar en géneros diversos y eclécticos, grabando rock and roll al mismo tiempo que empieza a llevar al pop, a través de un gusto marcado por la improvisación, a rincones donde el funk y un inesperado jazz empezarían a asomarse en sus canciones, adjudicándole un sello propio, muy poco visto en el pop mexicano.

El jazz en Luis Miguel

En octubre del 1999, publiqué en la revista *Closeup* un artículo sobre la influencia del jazz en Luis Miguel, de algún modo inspirado en Enrique

Nery (1945-2014) jazzista mexicano de proyección mundial (a quién conocí fugazmente en El Arcano, extinto bastión jazzista al sur del entonces Distrito Federal, hoy Ciudad de México), pianista, compositor, arreglista, ecléctico rabioso, músico de conservatorio con gran sensibilidad para la música popular. Formó parte de la orquesta de Dámaso Pérez Prado así como fue músico de sesión con Pedro Vargas. Hizo arreglos musicales para Eugenia León y José José, entre muchos otros. Nery fue el director musical de Luis Miguel al iniciar los años noventa.

¿Qué hacía un jazzista dirigiendo musicalmente a un artista pop? Me parece que la respuesta, además de la extraordinaria estirpe de Nery como músico, estaba en los términos de la proyección que podría tener el cantante en ámbitos ajenos al pop.

El jazz y Luis Miguel es la historia de un acompañamiento seminal que sin embargo no termina de concretarse, es decir, ahora que revelar los detalles de la vida de *El Sol* prácticamente se ha convertido en tendencia, reparo con curiosidad en que hasta la fecha, no se menciona que Luis Miguel es un admirador de Al Jarreau (1940-2017), cantante norteamericano de jazz, blues, R&B y pop, conocido por los temas *Breaking away* y *Spain*, entre otros.

Uno de los músicos con los que Luis Miguel compartía escenarios en los años ochenta y noventa y, quién me ha pedido mantenga su nombre en el anonimato, cuenta: «Estábamos de gira en Buenos Aires cuando un día íbamos en el auto con él, pusimos un casete de Al Jarreau, de inmediato me lo pidió y se lo regalé. Desde entonces, se volvió fanático y lo escuchaba obsesivamente». Sobre la dirección musical de Nery en el equipo de Luis Miguel este músico me comentó: «Nery sí era jazzista, un perfil no necesariamente compatible con lo que hacía Luis Miguel en ese momento». Nery dejaría el equipo del artista para continuar con sus proyectos.

Alex McCluskey (1937-2006), extraordinario músico argentino, cantante y *manager* de Luis Miguel entre 1993 y 1995, charlando en una comida sobre este tema me dijo: «Tú puedes notar en Luis Miguel la influencia de Al Jarreau, sobre todo en el scat (improvisación vocal utilizando sílabas y vocablos sin sentido), que sin duda lo marcó». Se llegó a decir que Luis Miguel intentó colaborar con Al Jarreau, pero el jazzista no accedió.

Sobre otras influencias vocales del cantante, Pedro Alberto Cárdenas (1962-2017) compositor ganador de festivales internacionales de música, arreglista, músico invitado en agrupaciones como «Los Terrícolas» famosos por su interpretación de la balada pop o sus pares chilenos «Los Ángeles Negros» entre otros, me platicaba en alguna charla de madrugada, en su estudio de grabación, que a él le parecía que Luis Miguel, cuando interpretaba en vivo, parecía estar más cerca de Gino Vanelli que de Sinatra u otro cantante.

Entonces ¿Luis Miguel era un cantante de jazz? Una posible respuesta la da el músico que me insiste en ocultar su nombre: «Puede cantar lo que sea, y encuentra espacio para la improvisación, sin salirse del pop y funk. Lo que se presta para que pueda hacer algunas variantes, es muy talentoso y tiene las aptitudes, pero no tiene disciplina de jazzista».

Probablemente este ex músico anónimo del artista tenga razón, no obstante, creo conveniente recordar que de los músicos que han trabajado con Luis Miguel, no pocos han estado involucrados en el mundo del jazz sin pertenecer a su cepa, como el caso del baterista, Víctor Loyo; el saxofonista, Jeff Nathanson; Alex Carballo, trombonista; el tecladista, Salo Loyo y el bajista, Lalo Carrillo, quienes por notas del destino, terminaron formando una banda de género mejor conocido como jazz fusión, «No Pals», que lanzaron un disco homónimo que les serviría para pisar diferentes escenarios del mundo. Sobre los músicos de Luis Miguel, opina Luis Emilio, ex bajista de la banda de grunge mexicana «Guillotina»:

«Por ejemplo, Lalo Carrillo, su bajista, es muy bueno, los demás también, pero es él quien da el toque funk/jazzero que guía la rola. De algún modo, tiene cercanía con Víctor Wooten, bajista norteamericano considerado uno de los 10 mejores de todos los tiempos por la revista *Rolling Stone*».

En sesión de grabación, Luis Miguel ha contado con el bajo de Abraham Laboriel, jazzista mexicano que colaboró con Michael Jackson, Al Jarreau y Madonna entre otros, la batería de Jeff Porcaro (1954-1992), fundador y baterista del grupo de hard rock «Toto» y la guitarra de Steve Lukather, guitarrista y bajista de la misma agrupación.

Esta influencia y apego por las formas jazzísticas, la notable concurrencia de músicos del género en su equipo y sala de grabación ¿lo obligan a incursionar en el jazz? Luis Emilio a.k.a. *El Manco*, bajista del extinto grupo de grunge «Guillotina» concluye: «Musicalmente no podría asegurarlo. Puedo suponer que se trata más una decisión económica; debe ser uno de sus debates y contradicciones; pero podríamos hacer el mismo cuestionamiento a Freddie Mercury: ¿Por qué nunca se alejó del rock, para enfocarse a estilos que siempre lo atrajeron y podía cantar con facilidad?».

Como dato coleccionable, destaca la colaboración que Luis Miguel hizo de corista en sesión de estudio con Quincy Jones, compositor norteamericano, arreglista, cantante y productor de jazz, R&B, pop, célebre por producir el legendario álbum *Thriller* de Michael Jackson en 1982 cuyo éxito de ventas es un punto de referencia histórico en la vida del pop. Uno de los coros que hizo Luis Miguel fue para la canción *Is It Love That We're Missing* que interpretaban Gloria Estefan & Warren Wiebe incluido en el álbum de jazz, R&B y big band *Q's Jook Joint* de 1995, disco que contó con invitados especiales de la altura de Bono, Phil Collins, Stevie Wonder y Ray Charles. *Q's Jook Joint* era un disco que sin duda lo habría hecho brillar, entrar en las grandes ligas ¿Por qué no se coló en alguno de los temas como cantante? ¿Por qué Quincy no le produjo un disco?

Luis Miguel como influencia

«Usted le robó el estilo al joven» dijo Hugo López (1942-2013), *ex-manager* de Luis Miguel, a Kiko Cibrian cuando este lo citó en su oficina en 1992, después de conocer que aquella canción número uno en las listas de popularidad, con ese distintivo solo de guitarra que se lo había aventado en inspiración y ejecución de Kiko, la interpretaba un cantante medianamente ventilado en los medios, más conocido en ese momento por ser hijo de artistas famosos que por mérito artístico propio, y que había sido producida por él y Alejandro Zepeda, productor musical.

Hugo López regañaba a Kiko por haber colaborado como productor invitado en el disco que arropaba aquella canción número uno en las listas de popularidad, reprimenda que terminaría en invitación para producir el próximo disco, *Aries*, de 1993. Cuando se suscitó ese encuentro, Cibrian llevaba seis meses en el equipo de Luis Miguel. Lo habían fichado como guitarrista. Lo anterior lo cuenta de pie, ante un auditorio en Tijuana, con un aire de orgullo escondido en la sonrisa, a la distancia necesaria (para ese entonces ya no colaboraba con el artista) para decirlo sin ataduras. Ese cantante en ciernes, era Cristian Castro, la canción: *No podrás* del álbum *Agua nueva* 1992.

«Luis Miguel ha influenciado sobre todo a dos cantantes: quizás el más evidente sea el caso de Cristian Castro, y en años recientes, David Bisbal, ambos poseen un timbre parecido al de *El Sol*, aunque no hay dos iguales. Lo que más se asemeja, y donde se nota la influencia es en el fraseo, que es totalmente imitable» comenta el maestro Russell Domínguez, pianista, instructor de canto y piano que ha trabajado con Ricky Martin, Reyli Barba, Joselo de «Café Tacvba» y Diego Boneta.

El reclamo de Hugo López no estaba fuera de contexto. Cristian sonaba como Luis Miguel (semejanza no atribuible al quehacer musical de Kiko), no así el estilo general del disco que se debate entre las baladas románticas y el pop rock.

No obstante, me parece que Diego Boneta, actor y cantante elegido para encarnarlo en la bioserie original de Netflix, no puede enmarcarse en esta categoría, si bien debutó en el reality sobre un concurso de canto, Código fama, interpretando *La chica del Bikini azul* en el año de 2002 con apenas 12 años, su huella vocal, aptitudes e impulso, siguen otra línea. Russell, que fungió como maestro de canto de Boneta por cinco años, comenta: «El timbre de Boneta es diferente al de Luis Miguel y su fraseo también, ha hecho un gran esfuerzo a base de estudio para frasear como él y desarrollar más agudos». Sobre una posible comparación matiza: «Diego, sin tener las facultades vocales de Luis Miguel, es un hombre de disciplina y logra las metas que se propone. No hay lugar a comparación, Diego es un actor y cantante, hace muy bien su trabajo y compite con él mismo para superarse. Consciente de lo que Dios le dio, y que con eso no aspira a ser Luis Miguel, más que actoralmente».

Sólo canta en español, no comparte escenario

Luis Miguel ha decidido llevar su carrera artística por la senda de una misteriosa individualidad, enfatizando una imponente soltería en el escenario, alardeando de producirse a sí mismo y ha decidido sólo cantar en español. Elecciones que se han ido esbozando a lo largo del tiempo y confirmando en la práctica, algunas resultan excéntricas, pero que en conjunto, imponen un freno evolutivo. La más notoria: el apego al idioma español y sus latitudes. Como parte de la promoción del disco *Amarte es un placer* de 1999, Luis Miguel comentó, en una entrevista que tuvo en Madrid con la periodista Myrka Dellanos en el año 2000, a pregunta expresa sobre la presión de ver el éxito de Ricky Martin y otros artistas que han grabado en inglés: «La presión la he tenido por más de diez años para grabar en inglés, en chino, en japonés... Si por ellos fuera (las disqueras), grabaría en cualquier otro idioma con tal de vender más discos. No me gustan las modas y las fiebres que de repente surgen». Presiento que por moda pudo haberse referido a *Livin´ la vida loca*, sencillo del disco *Ricky Martin*, rey Midas del pop que en ese mismo 1999 acaparó los primeros lugares en mercados inesperados como el australiano, noruego, alemán, británico, japonés, chino, canadiense... Sobre este asunto, el músico anónimo que acompañó en una época a Luis Miguel dice: «Ricky Martin sí dio el brinco internacional. Tiene un estilo inconfundible, él sabe para dónde va».

«El error más grande en que puede caer cualquier persona, por grandiosa que sea, es pensar que puede producir, componer, dirigir... ya sólo le faltaría salir a vender los discos» comentó Armando Manzanero en una entrevista para el diario *La Opción de Chihuahua* el 17 de abril del 2014.

Recuerdo que en ese punto, Luis Miguel llevaba cuatro años sin producir material discográfico, y faltarían tres más para que lo hiciera.

«Luis Miguel no es un productor. Está en un área de confort y de ahí no lo vas a sacar, pero seguirá el camino que ha seguido sin mayor riesgo. Te pongo de ejemplo a Céline Dion o Barbara Streisand, que le preguntan a su productor ¿por dónde?, ¿qué hago?, porque saben que es el profesional quien mejor los puede ir llevando» remata también el músico anónimo.

Cuando Dellanos le cuestionó sobre un posible dueto con Mariah Carey, en esa misma entrevista del año 2000, respondió: «No hay planes concretos, y cuando no hay nada concreto, no me gusta hablar». Si bien grabó un dueto con Frank Sinatra, *Come Fly with me* para el disco *Duets II* de 1994, fue en el contexto de un repertorio amplio de artistas que imprimían sus voces en ese disco, y se decantó como un evento aislado de poco impacto en la conquista del mercado internacional. El dueto con Mariah nunca se concretó.

¿Quién escuchaba boleros en los noventa?

El primer *Romance* de Luis Miguel, año 1991, le compró un flamante público a ese empolvado género, que vio sus orígenes en la isla de Cuba por el año de 1840, se expandió en la región, con especial fuerza y afinidad en México, una meca del bolero, país que encumbró artistas del calado del trío «Los Panchos», «La Sonora Matansera», Chavela Vargas, Agustín Lara y otros grandes exponentes. El bolero como institución, más lejos que cerca de su esplendor, presenciaba, con este disco, una especie de «resurrección», arropada por el rubio ojiverde, atípico bolerista, tanto en la pinta como en los modos y hábitos de cantarlo. Riesgo insólito. Éxito rotundo, monumental.

¿Funk?

Para 1993 lanza *Aries*, último llamado evolutivo en la carrera de Luis Miguel, producido por el guitarrista y compositor que lo abanderaba en esa época: Kiko Cibrian. Destacan, sin regatear, las canciones: *Que nivel de mujer* (funk no disfrazado o diluido), cover de la canción *Attitude dance* del grupo de funk y soul: «Tower of Power», y el tema *Suave*, retador, diferente, diseñado a la medida para el cantante y sí, con un dejo «jazzie» como el mismo compositor Cibrian la ha descrito. *Aries* es disruptivo porque infiltra, en segundo plano, los gustos del Luis Miguel músico y se los esconde al Luis Miguel comerciante hasta dejarlos en la mesa de producción. La apuesta estuvo justificada, las ventas rebasaron el millón de discos vendidos en México.

Lo de siempre

Obviando la incorporación de la música ranchera en su producción (*México en la piel* del 2004 y *México por siempre* de 2017), acto comercial bien recibido por el público, giro estratégico notoriamente previsible; el resto de la discografía se puede agrupar por fórmulas de marketing: Pop latino/baladas románticas como en *Nada es igual* de 1996, *Amarte es un placer* de 1999, *33 de* 2003, *Cómplices* de 2008 o *Luis Miguel* de 2010; Villancicos/Big Band como en *Navidades* de 2006 o los conciertos: *El concierto* de 1995 y *Vivo* del 2000.

Y, sobre todo, más boleros: *Segundo Romance* de 1994, *Romances* de 1997, *Mis Romances* de 2001...

El tropiezo

Auditorio Nacional, 18 de noviembre, 2015, 21:50 horas. Aplausos, chiflidos, porras, ensayos estériles de un público que increpa la salida de un ídolo. En lo tocante a esperas y retrasos, pareció haber un punto de quiebre entre los cuarenta y los cincuenta minutos, una línea, si acaso perceptible, que tornó una porra cálida en insulto y drama. Así comenzaba aquella noche el concierto de la gira *Déjà Vu,* Luis Miguel rompiendo el telón de cara a un público molesto, inmerso ahora en un desmesurado karaoke, cuando a la menor provocación, el cantante decidió ponerles el micrófono enfrente y reposar la voz. Veinte minutos después, una pausa... nunca regresó. «Por causas de fuerza mayor, cambios de clima y temperatura en los últimos conciertos, el concierto no puede continuar. En el nombre de Luis Miguel les pedimos disculpas y reprogramaremos el concierto en futura fecha», decía una voz por los altavoces y por sobre los bramidos de indignación y reclamos. Luis Miguel cancelaba, por primera vez, un concierto en este recinto. «Falsa alarma», «asunto de un día»; dos frases socorridas en los pasillos del Auditorio Nacional en el fluir del público por las salidas.

Salvo por un par de variantes, el mismo episodio se repetiría veinticuatro horas después.

El equipo del cantante confirmó, a través de un comunicado en la página oficial, que su representado padecía rinofaringitis, confirmado por un certificado expedido por el doctor Ramón Pardo Martínez; los conciertos correspondientes al 20 y al 21 de noviembre, serían aplazados, hasta la recuperación total del cantante.

No regresaría al Auditorio Nacional hasta el 2018.

Paralelo a esos tiempos, Alejandro Fernández publica en redes sociales un crucigrama. *El Sol* y *el Potrillo* pueden leerse en horizontales, «ídolos» e «internacional» en verticales. Se aprecian, insertas en la esquina superior izquierda, las iniciales AFLM (Alejandro Fernández y Luis Miguel respectivamente). Alejandro remata con la frase: «El 2016 será un año inolvidable», y ciertamente lo fue. Los medios toman la ocurrencia (no se había concretado, era prematuro) como una confirmación, y alegremente se «oficializa» una gira del mes de abril a noviembre del 2016. De ser cierto, Luis Miguel compartiría escenario y repertorio en una de las fases más austeras y borrascosas de su carrera.

El silencio de Luis Miguel y sus representantes enrarece el ambiente.

En febrero del 2016, a través de un comunicado, Alejandro Fernández declara que el acuerdo no llegó a término satisfactorio y que la gira no se realizará.

Lo que queda de mí, Luis Miguel 24 años después

Volviendo a 1994, cuando este libro se convirtió en alimento para los juzgados, abogados ambiciosos y algunos medios antropófagos, Luis Miguel se encontraba en el cenit de su carrera artística, y en el de su plenitud vocal, montado sobre una discografía variada y robusta, pero no completa, había mucho por delante. Su desempeño en los conciertos no tenía comparación con otros artistas del género. Los tiempos daban para calcular que se irían dando los pasos para una internacionalización. Sin embargo, esos conciertos vibrantes, espectaculares, se repetían casi en su totalidad año por año. Ibas a uno y se podía decir que ibas a todos. El nuevo siglo no se acompañó de un renovado proyecto que lo adecuara a la era moderna, las fórmulas fieles al sello inamovible del cantante, empezaban a convertirse en clásicos que los más jóvenes sólo oían de rebote, cuando sus nostálgicas madres y algunos padres, los escuchaban.

Nada ha cambiado ahora, los tiempos que él entiende siguen estando en los ochentas y noventas, en la fórmula de las baladas románticas, el pop americano y las infalibles, pero desgastadas, rancheras y boleros.

No hacer duetos, no involucrarse en proyectos ajenos o propuestos por un tercero, lo llevan inexorablemente al punto de partida, y ese punto empieza a desdibujarse. No así el legado y las extraordinarias aptitudes vocales. Sin embargo, su voz, su fuerza no serán eternas. Lo alcanzado tendría que definirse en términos de proeza, pero por su talento; estaba llamado a llevar el oído y el canto más cerca del reto que de la comodidad. En él permanecen las condiciones para andar otros caminos. El reto es diversificar, compartir escenario, atreverse... reinventarse.

Luis Miguel en boca de otros artistas

Luis Miguel polariza, apasiona, llama al llanto, al grito, al amor... al odio.

Pocas reacciones, cuando se trata de invocarlo, son tibias. José José, el príncipe de la canción, me platicaba sobre Luis Miguel en un camerino donde hacía una telenovela, *La fea más bella*, en el año de 2006: «Cada 20 años nace un cantante extraordinario que nos representa, como Luis Miguel». Al preguntarle por la posibilidad de ser homenajeado por este artista, respondió tajante: «No, él no tiene la obligación», pero, ¿debería Luis Miguel haber cantado un tema simbólico como lo ha sido *El triste*? «Hay temas que son muy representativos de cada artista y la gente los reconoce inmediatamente, los compañeros suelen respetar eso, yo lo quiero mucho, no me debe nada».

Una cantante emblemática como Angélica María dice: «Luis Miguel es el Enrique Guzmán de mi época, es un gran cantante».

No sólo el pop y las baladas hablan de él, el rock no es indiferente y habla a través de *El Manco* de «Guillotina»: «Luis Miguel se debate entre verse sexy y lucir el manejo que hace de su voz; de hecho, se le percibe más altanero cuando cambia la melodía agregando una nota imposible de pensar y peor de cantar, y claro, lo hace sin chistar».

Sobre la voz y cualidades vocales, Russell Domínguez comentó: «Es poseedor de una voz extraordinaria y un talento que suple la falta de estudio y técnica vocal, coloca la voz naturalmente, ha sobre utilizado la voz de falsete. Maneja un estilo y fraseo únicos. Pero no me transmite ningún sentimiento con su interpretación».

La cantante Analí, ganadora de la OTI internacional en el año 1989 y artista de doblaje para películas de Disney como Mulan y Aladdin, me dijo: «Me encanta, tiene unos agudos impresionantes, improvisa, hace todo, lo admiro mucho».

La insuperable Rocío Dúrcal (1944-2006), al platicar con ella cuando esperábamos un vuelo me comentó sobre Luis Miguel: «Es un cantante fabuloso, está haciendo historia...».

En memoria de Rosy Esquivel, a quien Luis Miguel
describió como una mujer cálida, amorosa y honesta
en su serie, con la cual sostuve una relación de amistad
estrecha por haber trabajado con mi padre en su juventud.
Ella me situó en el contexto de los hechos ocurridos
para «El gran solitario» y cuando supo de la demanda
en mi contra, no sólo se ofreció como mi testigo, agradeció
mi ética por haber callado tantas cosas asegurando
que no merecía ese juicio.
Y en recuerdo de esa frase que siempre me repetía
al referirse a su Micky: «Mi niño no es huraño, ni frívolo,
es temeroso al sentimiento del amor, no sabe cómo darlo,
ni cómo recibirlo…». Uno de sus últimos comentarios
sobre el ídolo, poco antes de su fallecimiento.
Se lo prometí a ella y lo cumplo, en mí no hay sentimientos
de rencor o revancha hacia quien entabló una demanda
indecorosa en mi contra, solo una asignatura pendiente
que ya saldé hablando con verdades, la mía sobre su vida
en el año de 1994, la versión de él en su serie, similar
pero sin la crudeza que yo jamás me hubiera permitido
imprimir en ninguna página de «El gran solitario…».
A él corresponde andar otros caminos como ser humano,
ya sin el mito que lo ha estado rodeando, compartir
con sus dos hermanos y con sus tres hijos;
mostrándose tal cual…
Solo queda reinventarse.

Claudia de Icaza

ECOSISTEMA DIGITAL

NUESTRO PUNTO DE ENCUENTRO

www.edicionesurano.com

2 AMABOOK
Disfruta de tu rincón de lectura y accede a todas nuestras **novedades** en modo compra.
www.amabook.com

3 SUSCRIBOOKS
El límite lo pones tú, **lectura sin freno**, en modo suscripción.
www.suscribooks.com

DISFRUTA DE 1 MES DE LECTURA GRATIS

1 REDES SOCIALES:
Amplio abanico de redes para que **participes activamente**.

4 APPS Y DESCARGAS
Apps que te permitirán leer e **interactuar con otros lectores**.